解密浪型交易
艾略特 波浪分析 技术全解

桂　阳◎编著

ELLIOTT

中国铁道出版社有限公司
CHINA RAILWAY PUBLISHING HOUSE CO., LTD.

图书在版编目（CIP）数据

解密浪型交易 ： 艾略特波浪分析技术全解 / 桂阳编
著. -- 北京 ： 中国铁道出版社有限公司， 2024. 12.
ISBN 978-7-113-31714-0

Ⅰ. F830.91

中国国家版本馆 CIP 数据核字第 2024ZG2812 号

书　　名：**解密浪型交易**——艾略特波浪分析技术全解
　　　　　JIEMI LANG XING JIAOYI : AILÜETE BOLANG FENXI JISHU QUAN JIE
作　　者：桂　阳

责任编辑：杨　旭　　编辑部电话：（010）51873274　　电子邮箱：823401342@qq.com
封面设计：宿　萌
责任校对：刘　畅
责任印制：赵星辰

出版发行：中国铁道出版社有限公司（100054，北京市西城区右安门西街 8 号）
网　　址：https://www.tdpress.com
印　　刷：河北燕山印务有限公司
版　　次：2024 年 12 月第 1 版　2024 年 12 月第 1 次印刷
开　　本：710 mm×1 000 mm 1/16　印张：11.5　字数：170 千
书　　号：ISBN 978-7-113-31714-0
定　　价：69.00 元

前　言

探寻股市波动的奥秘，旨在捕捉其内在规律，以便能够更准确地把握股价的涨跌，从而尽可能地实现"买在波段底部，卖在波段顶部"这一理想化交易策略。

在众多解析股市的工具中，波浪理论不仅是一种技术分析手段，更是市场趋势的深度解析器。该理论深刻地揭示了市场波动的周期性图谱，提出了每一周期由五个上升浪与三个下跌浪构成的循环体，这就是经典的八浪基本循环结构。通过该理论，可以帮助投资者透过行情运行的表象把握其内在的运行规律。

尽管波浪分析技术具有强大的功能，但它也存在局限性。在实战中，我们需要将其与其他分析技术结合在一起，综合使用，才能发挥其最大效用。尤其在复杂且充满风险的股票交易市场，更是不能单一依靠某个分析技术，并将其作为制定买卖策略的唯一研判工具。

为了让更多投资者了解波浪分析技术的实用方法，掌握将其与其他分析技术融会贯通的技巧，提升对市场趋势预测的精准度与买卖时机的判断力，笔者编写了本书。

本书旨在为读者构建一个实用的波浪分析技术学习体系。全书共五章，可分为三部分：

第一部分为第 1～2 章，是本书的基础内容，具体包括艾略特波浪分析技术入门知识及艾略特波浪理论中的数学关系。通过对这部分内容的学习，可以让读者更加详细地了解艾略特波浪分析技术的基础知识，从而达到快速入门的目的。

第二部分为第 3 章，是本书的进阶内容，具体就是介绍八浪结构中各浪的涨幅特点及浪长的预测方法。通过对这部分内容的学习，可以让读者了解不同波浪在市场中的表现和特征，教会投资者如何借助一些经典的数学关系对各浪的理论浪长进行预测，从而为投资决策提供有力支持。

第三部分为第 4～5 章，是本书的实操内容，具体包括波浪分析技术实战应用详解及其他炒股技术与波浪分析技术结合。通过对这部分内容的学习，投资者不仅能够掌握八浪结构中各浪的实战操作方法，还能了解到波浪分析技术与 K 线技术、MA 指标的结合使用，从而帮助投资者更好地在实战中应用波浪分析技术，掌握多种技术综合应用的能力。

本书内容由浅入深、循序渐进，在讲解过程中为了让读者能够更加直观、牢固地掌握波浪分析技术相关实战应用技法，笔者安排了大量的典型实例，并基于真实的行情走势进行细致分析，让读者感受到各种应用技法在实际操盘中的具体应用。此外，为了便于读者的理解，书中绘制了大量直观的示意图，让读者理解起来更加轻松。

最后，希望所有读者通过对书中知识的学习，提升自己的炒股技能，收获更多的投资收益。但任何投资都有风险，也希望广大投资者在入市和操作过程中谨慎从事，规避风险。

桂　阳

2024 年 10 月

目　录

第 1 章　艾略特波浪分析技术入门必知

第 2 章　艾略特波浪理论中的数学关系

第 3 章　八浪结构涨跌幅特点与浪长预测

第 4 章　波浪分析技术实战应用详解

第 1 章

艾略特波浪分析技术入门必知

艾略特波浪理论作为众多炒股理论中比较经典的趋势分析技术，在股市中，对市场趋势研究与分析预测有着重要的意义。本章首先介绍波浪理论的基本应用知识，帮助投资者快速入门艾略特波浪分析技术，为后面深入学习打下基础。需要特别说明的是，本书所有的内容均是从知识的角度来介绍艾略特分析技术的应用，由于影响股价走势的因素很多，因此书中介绍的分析技术不能作为投资者进行趋势预判的唯一、绝对依据。

1.1 艾略特波浪理论基础知识掌握

艾略特波浪理论可以简称为波浪理论，它是由著名证券分析大师拉尔夫·纳尔逊·艾略特利用道琼斯工业平均指数作为研究工具而发现的一种价格趋势预测工具。

艾略特认为，"市场有其自身的规律，它不会被人们在日常生活经验中习以为常的线性因果关系驱动，并在波浪中展开"。

因此，波浪理论作为股票技术分析的一种理论，非常细致地刻画了市场的表现，是实战炒股中运用较多的一种技术分析工具。

下面就来具体从波浪理论的核心要素和基本模型两个方面介绍有关波浪理论的一些基础知识，让投资者快速入门。

拓展知识 了解道琼斯指数

道琼斯指数全称为股票价格平均指数，它是世界上历史最为悠久的股票指数之一，该指数由四种股价平均指数构成，分别是道琼斯工业股价平均指数、道琼斯运输业股价平均指数、道琼斯公用事业股价平均指数和道琼斯股价综合平均指数。各指数的具体编制对象介绍如下：

①道琼斯工业股价平均指数是以 30 家著名的工业公司股票为编制对象。

②道琼斯运输业股价平均指数是以 20 家著名的交通运输业公司股票为编制对象，包括八家铁路运输公司、八家航空公司和四家公路货运公司。

③道琼斯公用事业股价平均指数是以 15 家著名的公用事业公司股票为编制对象，主要由煤气公司和电力公司组成。

④道琼斯股价综合平均指数是以上述三种股价平均指数所涉及的 65 家公司股票为编制对象。

以上四种股价平均指数共同构成的道琼斯指数是目前世界上影响最大、最有权威性的股票价格指数，因其能比较充分地反映整个股票市场的动态，常被用作观察世界市场变化的晴雨表。

其中，以道琼斯工业股价平均指数最为著名，平时所说的道琼斯指数就是指道琼斯工业股票平均价格指数，这是一种代表性强，应用范围广，作用突出的股票价格指数，是世界上影响最大、最有权威性的一种股票价格指数。

图 1-1 为 2024 年 6 月 14 日道琼斯工业股价平均指数的变化趋势。

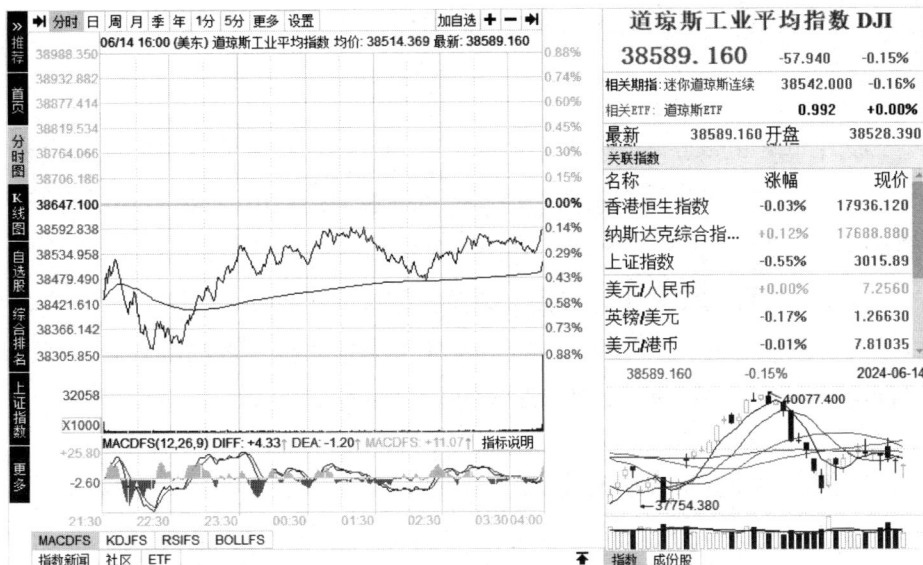

图 1-1　道琼斯工业股价平均指数

1.1.1　波浪理论的核心要素

波浪理论的核心要素有三个，分别是波形、波幅及波时。要想学习波浪理论，首先要对这三个核心的基本要素有所了解，因为它是波浪理论的精华，是学好波浪理论的必要认知。

下面分别对这三个核心要素进行介绍。

1. 波形

波形即价格走势所形成的形态，在这三个核心要素中，价格的形态是最重要的一个要素，其留下的轨迹就是波浪的形状和构造，是波浪理论赖以生存的基础。最初，艾略特就是从价格走势的形态变化中得到启示才发现了波浪理论。

2. 波幅

波幅是指波幅比率，具体是指价格走势图中波浪的高点和低点所处的相对位置。通过计算这些相对位置，投资者可以更好地把握各个浪的开始位置和结束位置，从而预测出价格的回落点和将来可能到达的价位。

3. 波时

波时即波浪形态形成所需要经历的时间长短，在波浪理论中，各个波浪之间的形成时间是相互联系的，掌握这些波浪形成的时间，可以让投资者提前预知某个大趋势的到来，从而更好地指导买卖操作。

在本书后面的学习中，都会围绕波浪理论这三个核心要素进行展开，这里读者只需对其进行了解即可。当读者学习完本书后面的内容后，就会对这三个核心要素有更深入的了解和使用体会。

1.1.2 波浪理论的基本模型

万事万物都是有规律的，在波浪理论中，股价也是按照一个基本的模型在不断重复变化，这个基本模型就是八浪形态，它将一个完整的股价波浪运动周期分为股价上升与股价下跌两个阶段。

其中，上升阶段股价向上波动，它是以上升五浪呈现的，其波浪模式又被称为五浪模式；而下跌阶段股价向下波动，它是以下跌三浪呈现的，其波浪模式又被称为三浪模式。

图 1-2 为一个完整周期中的八浪形态示意图。

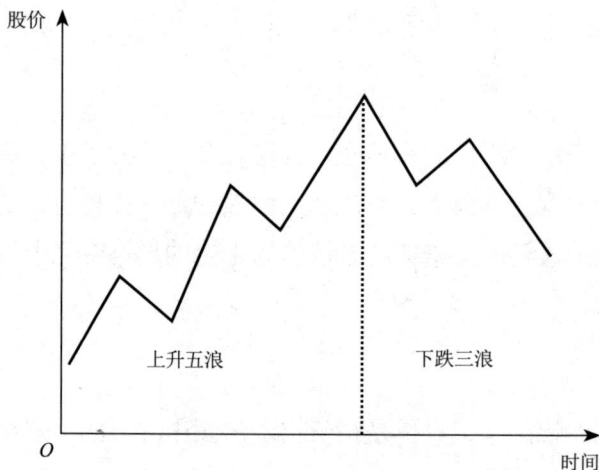

图 1-2 八浪形态示意图

从图 1-2 中可以看到，以虚线为分界点，将一个完整周期中的八浪基本形态分为两个部分，其中，左侧部分为上升五浪，右侧部分为下跌三浪。下面对这两个部分进行具体介绍。

1. 上升五浪

在这一轮八浪运行周期中，上升五浪是整个上升周期中促进股价不断波动上涨的关键阶段。其通常表示为浪 1、浪 2、浪 3、浪 4 和浪 5，其示意图如图 1-3 所示。

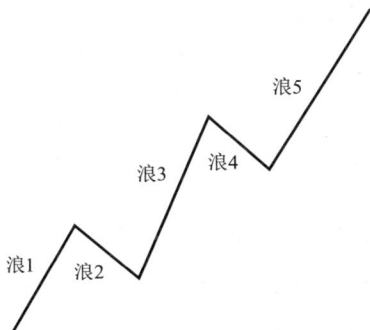

图 1-3　上升五浪示意图

从图 1-3 中可以看到，整个五浪运行趋势为总体向上，因此该模式也被称为"顺流五个浪"。

在这五个波浪中，向上运行的波浪共有三个，分别是浪 1、浪 3 和浪 5，这三个波浪是推动股价不断上涨的关键浪；而向下运行的波浪共有两个，分别是浪 2 和浪 4，这两个波浪的调整都是在为后面浪 3 和浪 5 的上涨积蓄力量。

2. 下跌三浪

有升就有降，有推动就有阻碍。在八浪基本形态中，下跌三浪就是阻碍上升五浪继续推动股价上涨的阶段，这一阶段整体运行趋势向下，因此也被称为"逆流三个浪"。其通常表示为浪 A、浪 B 和浪 C，其示意图如图 1-4 所示。

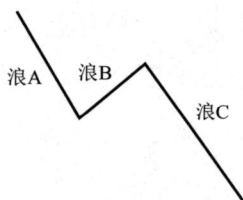

图 1-4　下跌三浪示意图

从图 1-4 中可以看到，在这三个波浪中，向下运行的波浪共有两个，分别是浪 A 和浪 C，这两个波浪推动股价一步一步运行到更低的位置，而浪 B 是下跌走势中的反弹走势。

在上述八个波浪运行完毕后，一个循环即宣告完成，行情走势就会进入下一个八浪循环。这样的循环生生不息，就构成了股价或指数的趋势。

下面通过一个具体的实例来直观感受实战中八浪模型的运行。

实例分析 特力 A（000025）八浪模式分析

图 1-5 为特力 A 2022 年 4 月至 11 月的 K 线走势。

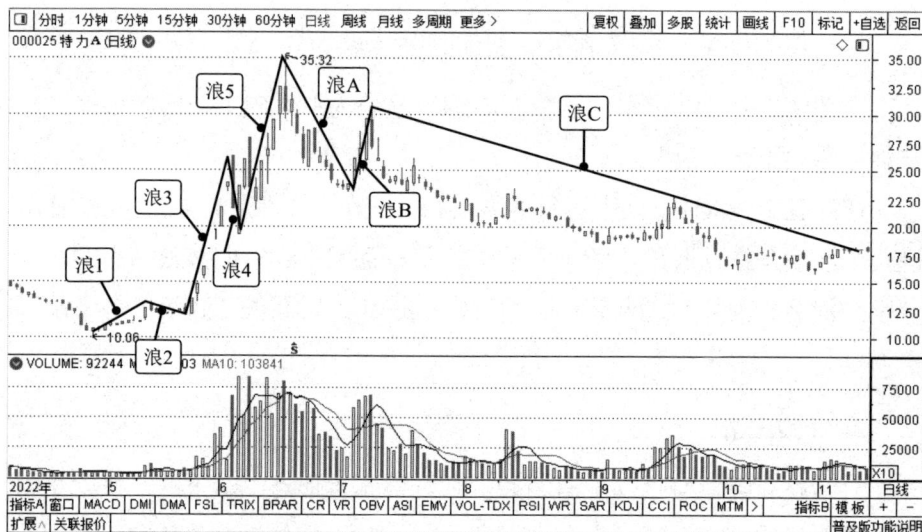

图 1-5　特力 A 2022 年 4 月至 11 月的 K 线走势

从图 1-5 中可以看到，该股在 2022 年 4 月下旬创出 10.06 元的最低价后止跌企稳，之后该股经历了一轮清晰的八浪走势。

下面分阶段来具体分析，先来看上升五浪的走势，如图 1-6 所示。

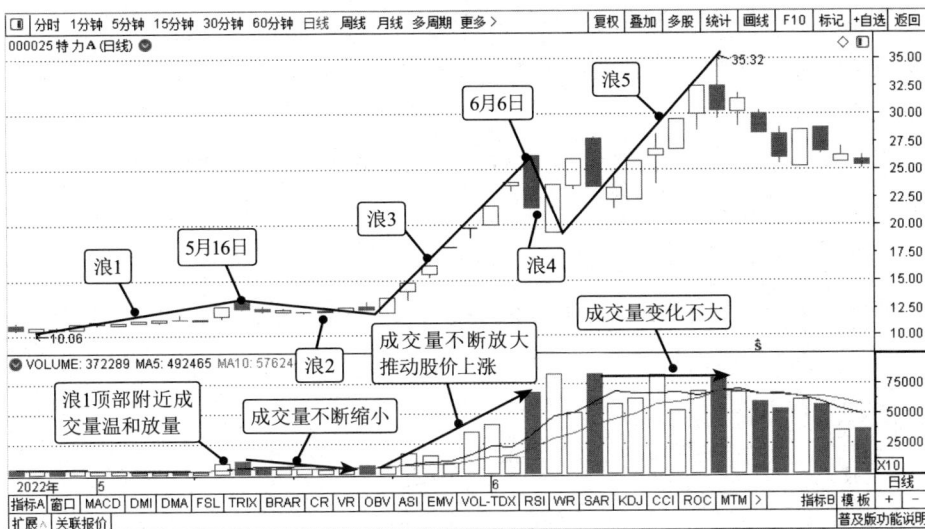

图 1-6　特力 A 2022 年 4 月至 6 月的 K 线走势

从图 1-6 中可以看到，在股价创出 10.06 元的最低价后，浪 1 开启。整个浪 1 持续时间不长，在这个期间，成交量没有明显放大，只在浪 1 顶部附近出现了温和放量，因此整个浪 1 的涨势都较为缓慢。随后在 5 月 16 日，该股创出 13.18 元的阶段高价后回落，开启浪 2 调整。

在整个浪 2 回调过程中，成交量呈现出不断缩小的状态，此轮回调始终在 12.00 元价位线上方受到支撑，整个回调幅度较小，并没有跌破浪 1 的低点，说明浪 2 的回调是有效的。

接着，股价企稳回升连续收阳拉高股价开启浪 3，整个浪 3 阶段，成交量不断放大推动股价上涨，不到十个交易日，股价就从 12.00 元价位线附近快速拉高，最终在 6 月 6 日创出 26.24 元的阶段高价后阶段见顶。整个浪 3 涨幅约为 119%。

次日，股价以 19.32 元的价格大幅低开形成回落，浪 4 启动了，但是当日股价在低开后一路高走，并在早上一度冲击涨停板，当日最终也以涨停价收出一根阳线。之后股价快速止跌重拾升势进入浪 5，因此，在这波上升五浪走势中，浪 4 只持续了一个交易日的回落便回调结束。

从之后浪5的走势来看，虽然整个震荡拉升上涨过程中，成交量相对于前期来说呈现明显的大量。但是整体变化不大，使得在股价高位形成了量平价增的走势。这种量价关系，大概率是主力拉高出货所致，说明行情离顶部不远了。

最终，该股在6月17日创出35.32元的最高价后见顶回落，浪5结束。整个上升五浪也结束。

下面再来看下跌三浪的走势，如图1-7所示。

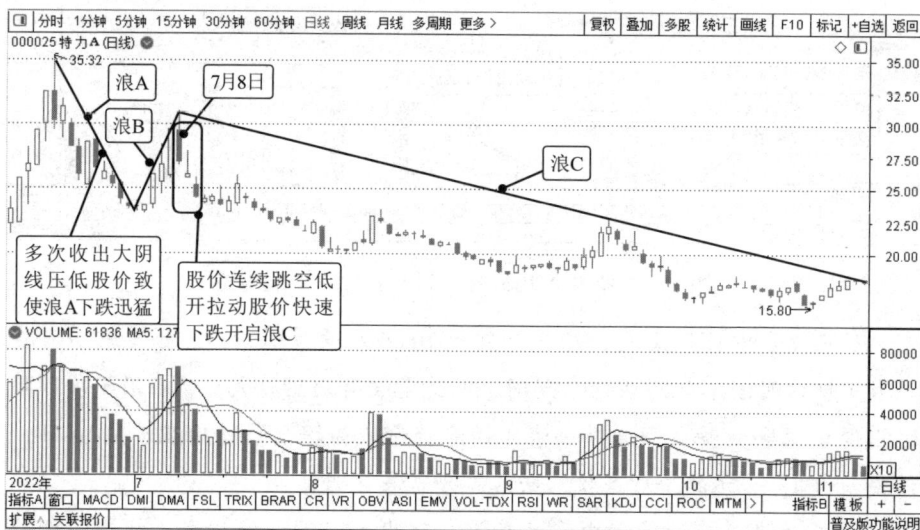

图1-7 特力A 2022年6月至11月的K线走势

从图1-7中可以看到，该股在创出35.32元的最高价后见顶回落，形成浪A。在整个浪A阶段，该股多次收出大阴线压低股价，致使整个浪A的下跌比较迅猛，成交量也出现了快速回落走势。最终在6月底跌破24.00元价位线后跌势减缓收出三根小K线企稳，随后出现了缓慢上涨，开启浪B反弹。

在浪B阶段，该股突然放量拉高股价，但是仅仅维持三个交易日后便在7月8日以8.56%的跌幅收出一根带长上影线的大阴线，创出31.00元的阶段高价。

从当日的成交量来看，是反弹阶段的最大成交量，且相对于前期浪5阶段的成交量来说，也没有少多少，但是价格却距离顶部价格有4.32元的价格差，说明行情涨势衰减，浪B大概率结束了。

次日，股价跳空低开收出一根带长上影线的小阳线。第三日，股价继续跳空低开收出一根实体很小的阴线。连续两个交易日都出现跳空低开的走势，使得 K 线实体之间形成明显缺口，股价也被急速压低，进一步说明浪 B 结束，此时行情已经进入浪 C。

从浪 C 后市的走势来看，其下跌持续的时间非常久，并且一举将股价拉低到 15.80 元的低位，从该股这一阶段的八浪走势来看，整个下跌三浪跌去了上升五浪带来的大部分上涨，由此可见，波浪理论对股价走势的研判及买卖点的分析意义有多大。

1.2　驱动浪和调整浪详解

波浪要向前运行，必定会有两种方式：驱动和调整，其中，对波浪运行方向起推动作用的波浪被称为驱动浪，对波浪运行方向起调整作用的波浪被称为调整浪。

从八浪基本模型中可以看到，上升五浪推动股价上涨，在行情中起驱动作用，下跌三浪打压股价拉低，在行情变化中起调整作用。因此，有很多投资者会认为，上升五浪即为驱动浪，下跌三浪即为调整浪，其实，这种方法是不科学的。

下面从科学的角度来分别讲解驱动浪和调整浪的判断方法。

1.2.1　如何判断驱动浪

对于驱动浪的判断，可以从以下两个方面入手：

一是看方向。如果当前波浪的运行趋势与更大一级波浪的运行方向一致，则说明该浪对更大一级波浪的运行方向有推动作用，则该浪被称为驱动浪。

二是看形态。驱动浪在内部结构上有一个理论，即驱动五浪。换言之，就是一个大的驱动浪内部有五个子浪。

为了更好地理解以上两点内容，下面通过一个示意图来进行说明，如图 1-8 所示。

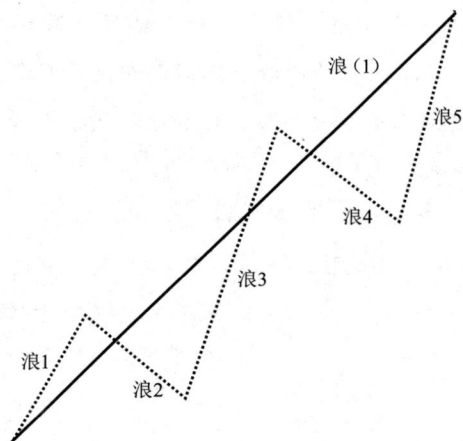

图 1-8　驱动浪示意图

如图 1-8 所示，从结构上来看，浪 1、浪 2、浪 3、浪 4、浪 5 与浪（1）之间的关系是：浪（1）是更大一级的波浪，其内部由五个小浪组成，因此，可以将浪 1、浪 2、浪 3、浪 4 和浪 5 视为浪（1）的子浪。

从运行方向上来看，浪（1）的运行方向是向上运行，在五个子浪中，浪 1、浪 3 和浪 5 与浪（1）的方向一致，则浪 1、浪 3 和浪 5 可视为浪（1）向上运行的驱动浪。

1.2.2　如何判断调整浪

与驱动浪对应的就是调整浪。同样的，调整浪也可以从方向和形态两个方面来判断。

首先，从方向判断调整浪。如果当前波浪的运行趋势与更大一级波浪的运行方向相反，则说明该浪对更大一级波浪的运行方向有阻碍作用，则该浪被称为调整浪。

其次，从形态判断调整浪。调整浪在内部结构上也有一个理论，即调整三浪。换言之，就是一个大的调整浪内部有三个子浪。

下面同样借助如图 1-9 所示的示意图来理解调整浪的方向和结构。

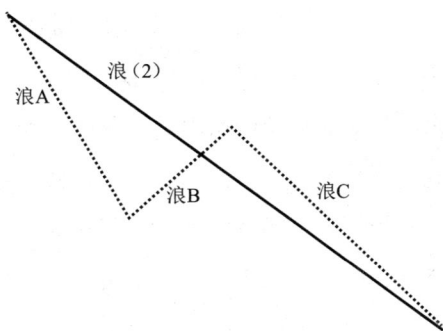

图 1-9　调整浪示意图

如图 1-9 所示，从结构上来看，浪 A、浪 B、浪 C 与浪（2）之间的关系是：浪（2）是更大一级的波浪，其内部由三个小浪组成，因此，可以将浪 A、浪 B 和浪 C 视为浪（2）的子浪。

从运行方向上来看，浪（2）的运行方向是向下运行，在三个子浪中，浪 B 与浪（2）的方向不一致，则浪 B 可视为浪（2）向下运行的调整浪。

1.2.3　从八浪形态中认识调整浪和驱动浪

了解了驱动浪和调整浪的判断，下面从八浪基本循环结构的角度来认识调整浪和驱动浪，如图 1-10 所示。

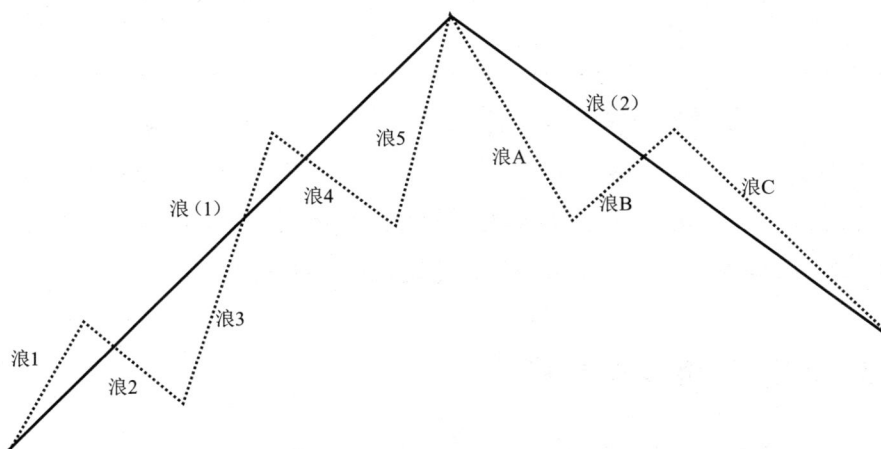

图 1-10　浪（1）和浪（2）的复合形态

从图 1-10 中可以看到，浪（1）和浪（2）是由一次完整的八浪基本形态构成的复合形态，浪（1）和浪（2）就是八浪结构的更大一级波浪。

在这个复合形态结构中，如果将浪（1）作为驱动浪，浪（2）作为调整浪，则八浪基本形态中的驱动浪和调整浪的正确识别结论如下：

①浪（1）的运行方向是向上运行的，将其作为驱动浪，则其内部的五个小浪中，浪1、浪3、浪5与浪（1）的方向一致，是浪（1）的上升驱动浪，浪2和浪4的运行方向与浪（1）的方向相反，是浪（1）的上升调整浪。

②浪（2）的运行方向是向下运行的，将其作为调整浪，则其内部的三个小浪中，浪A和浪C的运行方向与浪（2）的方向一致，是浪（2）的下跌驱动浪，浪B的运行方向与浪（2）的方向相反，是浪（2）的下跌调整浪。

为了更加直观地识别这些驱动浪和调整浪，将浪（1）和浪（2）复合形态中的驱动浪和调整浪整理到表1-1中。

表1-1　浪（1）和浪（2）复合形态中的驱动浪和调整浪

波浪类别	更大一级的波浪	子浪
驱动浪	浪（1）	上升驱动浪：浪1、浪3、浪5
		下跌驱动浪：浪A、浪C
调整浪	浪（2）	上升调整浪：浪2、浪4
		下跌调整浪：浪B

通过本节内容的学习，我们更加坚定一条规则，即无论是单浪形态，还是复合形态，在区分驱动浪和调整浪时，单看其走势是否使股价上升或下降这种方法是不科学的，科学的区分方法是与更大一级波浪运行方向相同，即为驱动浪，与上一级波浪运行方向相反，即为调整浪。

1.3　波浪分析技术总则

在波浪理论应用过程中，八浪走势的描绘是投资者应用波浪分析技术分析股价走势及买卖点的重要支撑。因此，正确描绘八浪走势是非常关键的。

要想用好波浪理论，必须了解波浪分析技术中的总则内容，包括波浪理论的铁律规定、波浪的循环方式及波浪的等级划分。通过对这些总则内容的掌握，可以确保八浪走势的正确描绘，从而提高波浪分析技术应用的准确性。

1.3.1　波浪理论的铁律规定

波浪理论的铁律规定也被称为波浪理论中的基本法则，它是验证投资者描绘八浪走势是否有效的关键依据。其铁律规定共有三条，下面分别进行介绍。

1. 铁律一：浪 2 调整的最低点不会达到浪 1 的起始点

在八浪基本形态中，无论浪 2 的回调幅度是大还是小，其回调的低点都不能低于浪 1 的起始点，即浪 2 回调不能跌破浪 1 的底部，否则八浪基本形态不成立。

图 1-11 为铁律一的示意图。

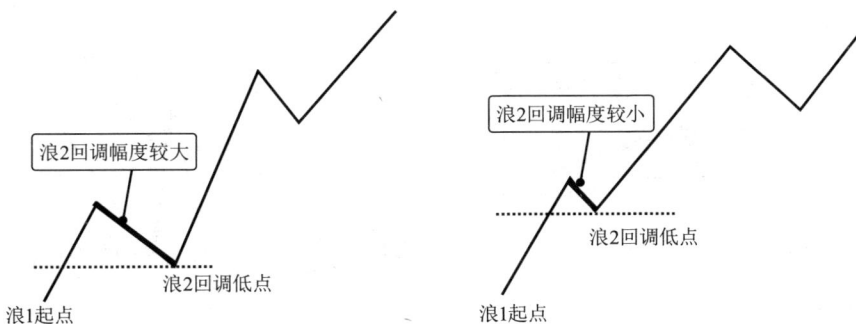

图 1-11　铁律一的示意图

2. 铁律二：浪 3 永远不是最短的一浪

在上升五浪模式中，无论哪种情况下，浪 3 都不会是最短的一浪，而且浪 3 也最容易产生爆发上涨。如果上升五浪中的浪 3 比浪 1 和浪 5 都短，那么八浪基本形态也是不成立的。

图 1-12 为铁律二的示意图。

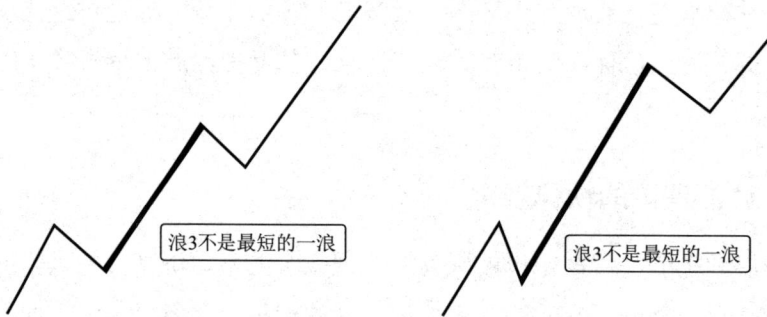

浪3不是最短的一浪

浪3不是最短的一浪

图 1-12　铁律二的示意图

3. 铁律三：浪 4 不会跌破浪 1 的顶部

当浪 4 启动后，无论其回调时间有多长，回调的速度有多快，浪 4 回调的低点都不会跌破浪 1 的顶部，即浪 4 最终都会在浪 1 顶部上方或顶部位置止跌结束。一旦浪 4 的回调低点跌破浪 1 顶部，则八浪基本形态不成立。

图 1-13 为铁律三的示意图。

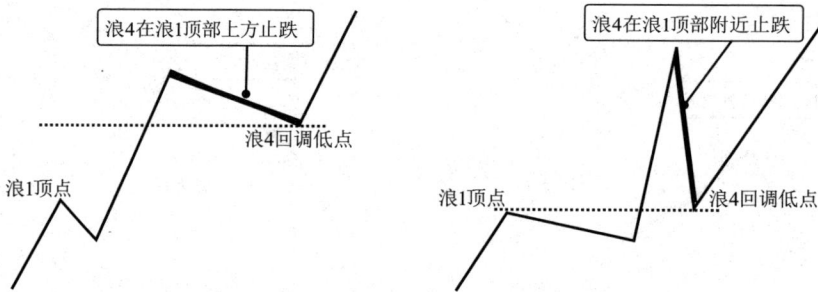

浪4在浪1顶部上方止跌

浪4回调低点

浪1顶点

浪4在浪1顶部附近止跌

浪1顶点

浪4回调低点

图 1-13　铁律三的示意图

以上就是波浪理论中的三大铁律规定。从内容来看，波浪理论的铁律都是针对上升五浪而言的，因此，在应用波浪分析技术时，对于上升五浪中的各浪一定要严格遵循三大铁律规定来数浪，任何一条铁律规定不符合，最终构成的上升五浪都是无效的，如图 1-14 所示。

▼ 情形一
　铁律一：×
　铁律二：√
　铁律三：√

浪1起点

浪2回调低点跌破
了浪1的起点

▼ 情形二
　铁律一：√
　铁律二：×
　铁律三：√

浪3最短

浪1顶点

浪4回调低点
跌破浪1顶点

▼ 情形三
　铁律一：√
　铁律二：√
　铁律三：×

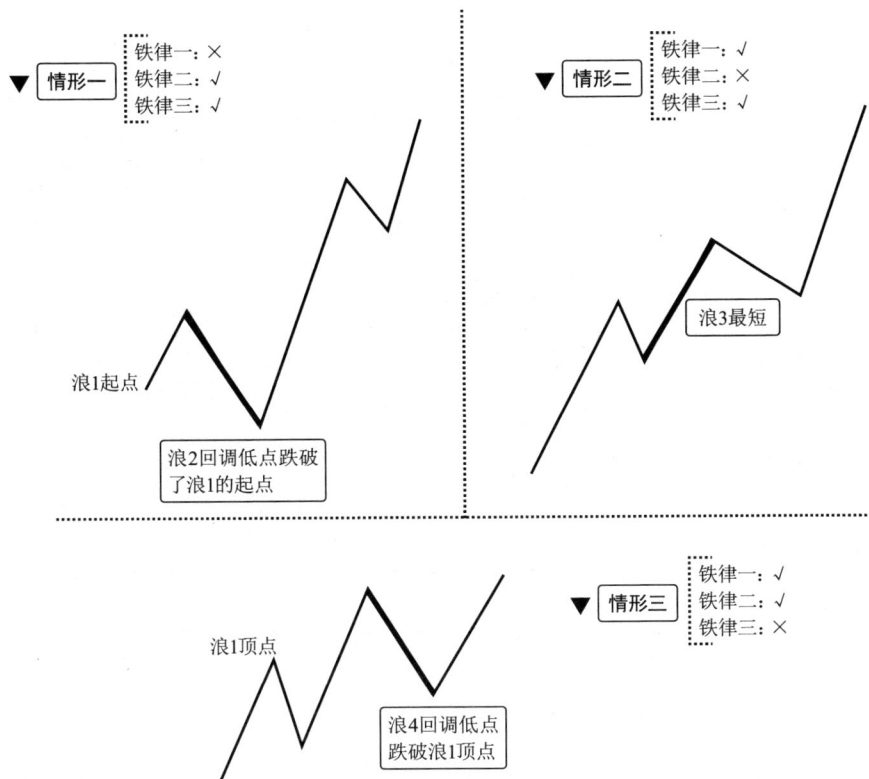

图 1-14　不符合波浪理论铁律规定的上升五浪形式

下面通过一个具体的实例来理解如何根据波浪理论铁律规定来绘制出上升五浪的各浪。

实例分析 **中金岭南（000060）波浪理论铁律规定应用**

图 1-15 为中金岭南 2022 年 10 月至 2023 年 8 月的 K 线走势。

从图 1-15 中可以看到，该股在这段时间内呈现出震荡上涨行情，股价从最低的 3.83 元到最高的 6.25 元，经历了一波清晰的上升五浪走势。

根据历史走势来看，相信熟悉波浪理论的投资者都可以非常快速地绘制出上升五浪走势。但是，如果当前没有走出这段行情，又该如何来运用波浪理论铁律规定分析上升五浪走势呢？

此时，波浪理论铁律规定在正确描绘各浪的起止位置中就起到了非常重要的作用。

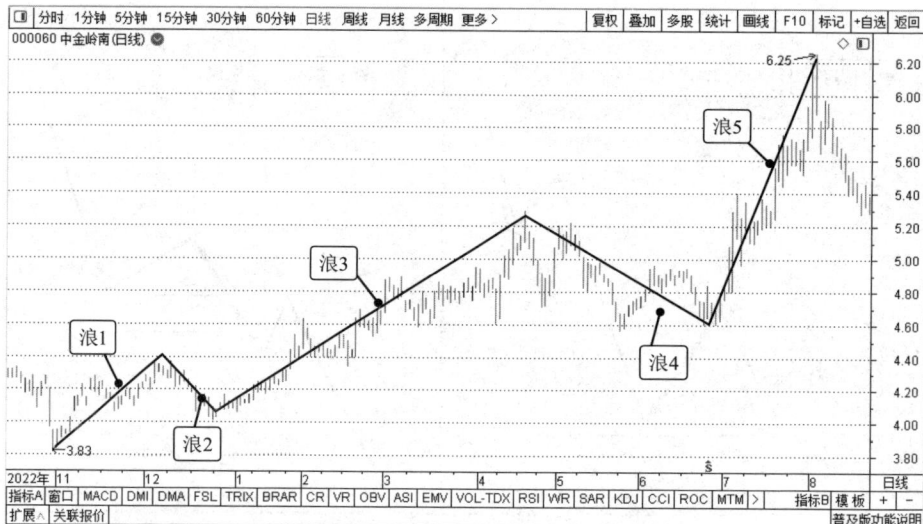

图 1-15 中金岭南 2022 年 10 月至 2023 年 8 月的 K 线走势

下面就来具体看一下如何借助波浪理论铁律规定来正确描绘各浪的起止位置。

放大浪 1 和浪 2 前后的走势进行分析，如图 1-16 所示。

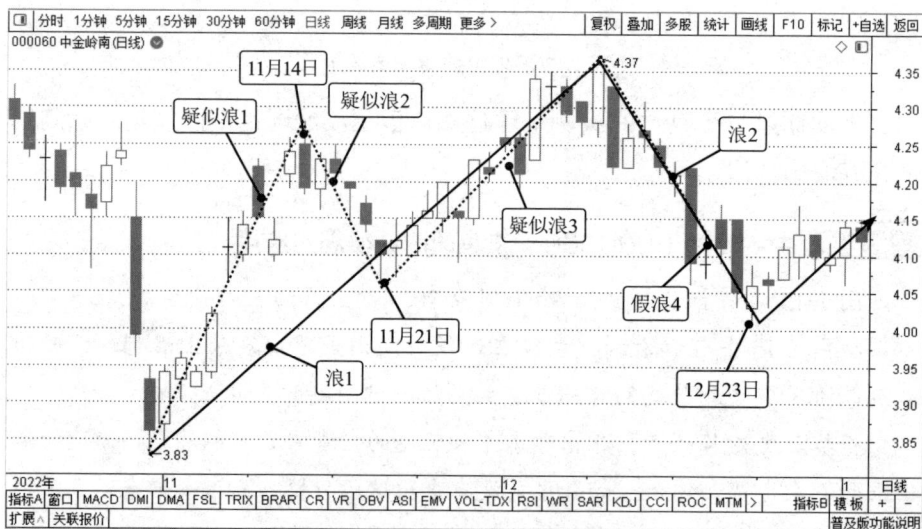

图 1-16 中金岭南 2022 年 10 月至 2023 年 1 月的 K 线走势

从图 1-16 中可以看到，该股在经历一波急速下跌后在 2022 年 10 月底创出 3.83 元的最低价后见底，之后股价企稳回升，说明浪 1 启动了。

之后股价一路上涨，在股价上涨触及 4.25 元价位线后出现滞涨，并在 11 月 14 日创出 4.28 元的价格后便出现回落，之后更是连续收出四根阴线压低股价跌破 4.10 元价位线，因此，这里可以预判，股价从 3.83 元上涨到 4.25 元价位线附近滞涨这一阶段可能是浪 1，投资者可以暂时将其视为浪 1 看待，标记为疑似浪 1。

之后股价滞涨回落跌破 4.10 元价位线，并在 11 月 21 日创出 4.06 元的低价后止跌，此时的止跌位明显高于前期 3.83 元的低位，根据波浪理论铁律一，浪 2 回调低位不能低于浪 1 起始点，因此，这里的回调止跌位符合波浪理论铁律规定，可以将这波回调暂时标记为疑似浪 2。

随着股价在 4.10 元价位线附近止跌后，股价企稳回升一路上涨，看似行情进入了浪 3 阶段，但是股价很快在上涨到 4.35 元价位线后便再次滞涨，并在创出 4.37 元的高价后出现明显的回落。

根据前期的走势，我们可以得出：疑似浪 1 从 3.83 元上涨到 4.28 元，涨幅约 11.75%。而股价在经过疑似浪 2 于 4.06 元止跌后上涨，到此时的 4.37 元，涨幅为 7.64% 左右。

虽然根据波浪理论铁律规定二，浪 3 不是最短的一浪，此时浪 3 虽然浪长短于浪 1，但是还有一个浪 5，因此，从理论上来说，浪 3 还是有可能不是最短的一浪的。因此，这里也可以暂时将其视为浪 3 看待，记为疑似浪 3。

之后股价一路下跌，开启上升五浪中的第四浪，这波下跌最终在 12 月 23 日创出 4.01 元的低价后才止跌。根据波浪理论铁律规定三，浪 4 回调不能跌破浪 1 顶部。而此时的疑似浪 1 顶部为 11 月 14 日创出的 4.28 元。很显然第四浪的回调低点低于了疑似浪 1 的顶部，因此，第四浪就是假浪 4，绘制的几个波浪都错了。

其实，对于有经验的投资者来说，当得知第三浪的浪长比第一浪还短很多时，大概率都知道数浪数错了，因为第三浪是上升五浪中是最容易成为主升浪的一浪，所以，其涨幅都是最值得投资者期待的。

对于这段走势，正确的数浪应该是图 1-16 中的实线走势，只有浪 1 和浪 2。浪 1 是从 3.83 元开始，到股价创出 4.37 元的阶段高价后结束，之后浪

2 回调，在 12 月 23 日创出 4.01 元的低价后止跌结束，止跌位未跌破浪 1 的低点 3.83 元，浪 2 回调有效。

下面再来看一下这波上升五浪中后面 3 浪的正确绘制，如图 1-17 所示。

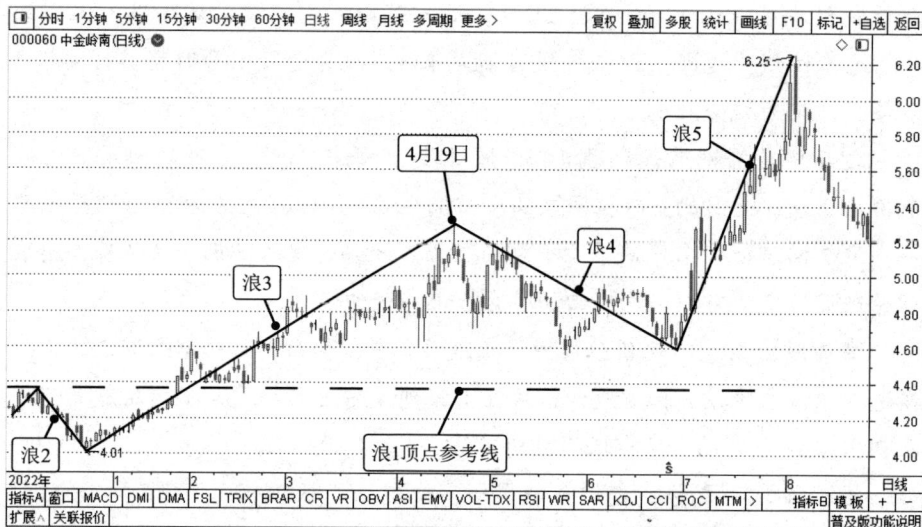

图 1-17 中金岭南 2022 年 12 月至 2023 年 8 月的 K 线走势

从图 1-17 中可以看到，浪 2 在创出 4.01 元的低价后企稳回升开启浪 3。整个浪 3 阶段，该股呈现出震荡上涨行情，整个上涨持续了四个月左右的时间，最终在 4 月 19 日突破 5.20 元价位线，创出 5.29 元的新高后见顶。

之后该股也出现较大跌幅的震荡下跌，开启浪 4。浪 4 不仅波动幅度大，而且持续时间也比较长，整整回调了三个月左右的时间，最终在 4.60 元价位线上获得有力支撑止跌，其回调低点位于浪 1 顶点上方，因此，符合波浪理论铁律规定三。

浪 4 回调结束后，股价随即开启浪 5，在一波拉升之后将股价推高突破 6.20 元价位线，最终股价在创出 6.25 元的最高价后见顶，结束浪 5。

从以上分析中可以看到，波浪理论铁律规定在正确数浪过程中的重要性，而正确数浪也能帮助投资者寻找到合适的买卖点。

比如，当浪 1 结束后开启浪 2，根据波浪理论铁律规定，浪 2 回调不能低于浪 1 起始点。因此，在浪 2 回调接近浪 1 起始点位置企稳时，就表明浪 2 即将结束，此时投资者即可在企稳价位附近做好买入准备。

又比如，浪 3 结束后随即就会进入到浪 4 阶段，根据波浪理论铁律规定，浪 4 回调不能低于浪 1 顶部。因此，投资者可以将浪 1 顶部价格作为浪 4 回调的最大幅度进行预判，只要股价回调在该价格上方企稳，浪 4 大概率回调结束，投资者也可以在此企稳价格附近择机买入，抓住最后一波上涨。

但是，这里需要特别提醒的是，在上升五浪中，浪 5 是上升阶段的最后一涨，股价随时都有可能见顶进入下跌行情，因此，投资者在浪 5 阶段要谨慎追涨。

1.3.2　了解波浪的循环方式和等级划分

前面介绍的波浪理论铁律规定，是单从波浪的基本形态来介绍数浪过程中要遵循的一些基本原则。在实战中，行情并不会单纯地按照这种简单的模式运行。

比如前面 1.2.3 中的图 1-10，虽然浪 1、浪 2、浪 3、浪 4、浪 5、浪 A、浪 B 和浪 C 已经构成了最基本的八浪模型，但是其中的浪 1、浪 2、浪 3、浪 4 和浪 5 又是更大一级八浪循环中上升五浪中浪（1）的内部结构，而浪 A、浪 B 和浪 C 则是更大一级八浪循环中上升五浪中浪（2）的内部结构。

在这种情况下，浪 A、浪 B 和浪 C 的出现并不是代表下跌行情的来临，而是上涨行情中的调整。如果数浪错误，将其误认为是下跌行情的开启，则投资者就会错失后面更大一级八浪循环中上升五浪的浪（3）行情，而一般情况下，这一浪才是投资者更值得操作的一浪。

为了避免以上情况发生，在学习波浪理论的应用时，波浪的循环和波浪等级的划分都是需要掌握的基础内容，下面分别进行介绍。

1. 波浪的循环方式

股价的运动方式不是单纯的呈一条直线，而是如波浪般起伏变化的，并且随着时间的推移，股价的波动变化会始终按照八浪基本模型循环，即一个完整的八浪形态之后，又会有另一个八浪形态的产生，就会形成八浪循环图。

如果将每一个八浪基本模型看成一个基本单位，它们既可能出现逐步抬高的走势，也可能出现逐步压低的走势，这些走势的结合还可能产生更高级别的波浪循环。

但是在实际的波浪循环图中，要特别注意波浪的转折位。即浪5和浪A，其中，浪5是上升趋势中最后一个上升浪，浪A则是下降趋势中第一个下跌浪，它们都属于驱动浪，那么这两个波浪应该如何识别浪5结束，浪A开始呢？

根据驱动浪内部结构都必须有五个子浪，绘制出浪5和浪A的子浪结构图，如图1-18所示。

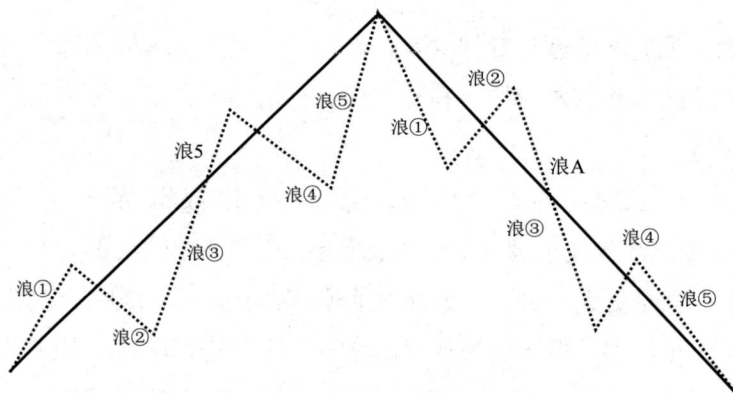

图1-18　浪5和浪A的子浪结构图

从图1-18中可以看到，浪5和浪A同为驱动浪，分别有五个子浪，由于浪5是上升阶段的最后一个上涨浪，其运行方向为上升，因此其五个子浪的整体趋势为向上运行。

而浪A是下跌阶段的第一个下跌浪，其运行方向为下降，因此其五个子浪的整体趋势为向下运行。

由此可以得出一个结论，即在辨别波浪转折时，只要确定浪5过后连接的浪也有五个子浪，那么就意味着浪5已经宣告结束，浪A开始运行，过后的股市将会开始下跌三浪的走势。

基于这个认识，我们再来看一个复合的波浪模型，如图1-19所示。

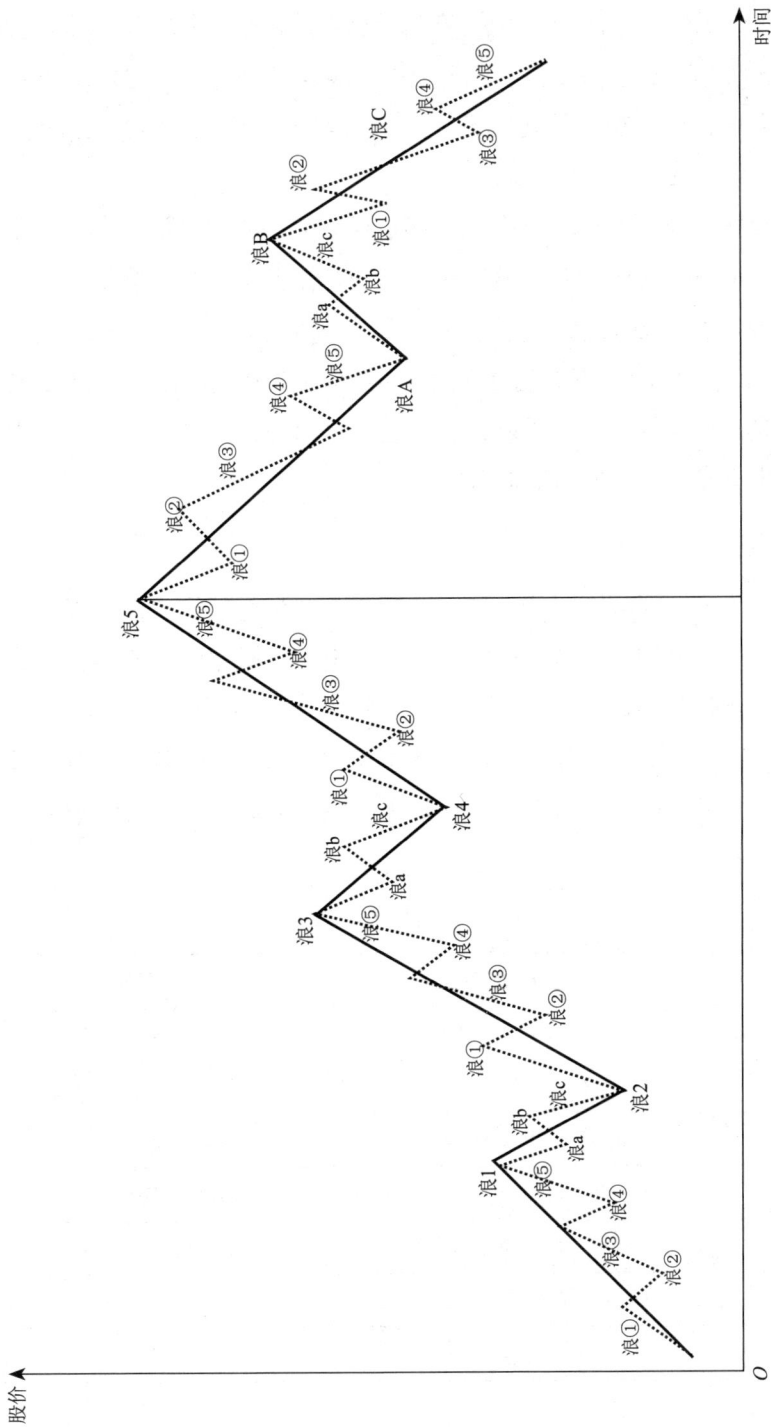

图 1-19　波浪复合形态

从图 1-19 中可以清晰地看到，在行情转折的两侧，每一个基本八浪模型（浪① - 浪② - 浪③ - 浪④ - 浪⑤ - 浪 a - 浪 b - 浪 c）随着时间的推移都在不断地循环，这一循环就构成了更高级别的八浪模型（浪 1 - 浪 2 - 浪 3 - 浪 4 - 浪 5 - 浪 A - 浪 B - 浪 C）。

这种大量的循环结构层层嵌套，就是我们常说的"大浪套小浪，小浪组大浪"，正是因为这种浪套浪的循环结构，才使得波浪的数量更复杂，从而有千人千浪的说法。

但是无论波浪循环嵌套有多复杂，时间的长短都不会改变波浪的形态，即波浪在其运行过程中可以拉长，也可以缩短，但其根本的形态则永恒不变。这是波浪理论中的基本信条。

2. 波浪的等级划分

从波浪循环的理解中可知，在一个超级大的循环结构中，可能嵌套了多个时间相对较短的八浪基本模式，这些波浪的分析方法差不多，只是所处位置的层级有高有低。

为了更加清楚地标识和辨别八浪基本模式中的每一个波浪，就出现了划分波浪的等级。在艾略特的波浪理论中，股市运动中的波浪级数分为九级，见表 1-2。

表 1-2　波浪等级划分

波浪等级	上升阶段的波浪	下跌阶段的波浪
特大超级循环级	浪Ⓘ - 浪Ⓘ - 浪Ⓘ - 浪Ⓘ - 浪Ⓥ	浪ⓐ - 浪ⓑ - 浪ⓒ
超级循环级	浪（I）- 浪（II）- 浪（III）- 浪（IV）- 浪（V）	浪（a）- 浪（b）- 浪（c）
循环级	浪 I - 浪 II - 浪 III - 浪 IV - 浪 V	浪 a - 浪 b - 浪 c
基本级	浪① - 浪② - 浪③ - 浪④ - 浪⑤	浪Ⓐ - 浪Ⓑ - 浪Ⓒ
中型级	浪（1）- 浪（2）- 浪（3）- 浪（4）- 浪（5）	浪（A）- 浪（B）- 浪（C）
小型级	浪 1 - 浪 2 - 浪 3 - 浪 4 - 浪 5	浪 A - 浪 B - 浪 C
细级	浪ⓘ - 浪ⓘ - 浪ⓘ - 浪ⓘ - 浪ⓥ	浪ⓐ - 浪ⓑ - 浪ⓒ

续上表

波浪等级	上升阶段的波浪	下跌阶段的波浪
微级	浪（i）－浪（ii）－浪（iii）－浪（iv）－浪（v）	浪（a）－浪（b）－浪（c）
次微级	浪 i－浪 ii－浪 iii－浪 iv－浪 v	浪 a－浪 b－浪 c

通常而言，一个超级循环的波浪可包含数年甚至数十年的走势。至于细级波和微级波，则属于短期的波浪，需要利用每小时的走势图方能加以分析。

虽然波浪的等级有九级，但表 1-2 中各级上升阶段的波浪和下跌阶段的波浪的表达方式并不是唯一的，投资者可以根据自己的习惯和喜好选择合适的表达方式，只要自己能够清楚识别即可。

在实战应用中，一般不会同时划分九个波浪级数来进行分析，两三个层级的波浪循环结构是比较常见的。

需要特别注意的是，无论波浪级别怎么划分，都应该以八浪基本形态为准，并且遵循波浪理论的铁律规定。

拓展知识 对待波浪理论的态度

根据对波浪理论的看法不同，大致可以将投资者对波浪理论的态度划分为两大类：

一是过于沉醉，他们认为波浪理论完全可以独立使用，其他技术分析都是点缀而已，轻易相信波浪理论的趋势预测，以预测代替现实。

二是基于波浪理论的计算方式是神秘数字论，因此认为其不足为信，有偶然的角色，其功能并不是科学分析的结果，容易被误导。

这两类绝对肯定和绝对否定都是不可取的，我们应该用辩证的思维对待波浪理论。

下面通过一个实例来识别波浪的等级。

实例分析 中兴通讯（000063）波浪等级识别

图 1-20 为中兴通讯 2022 年 10 月至 2024 年 6 月的 K 线走势。

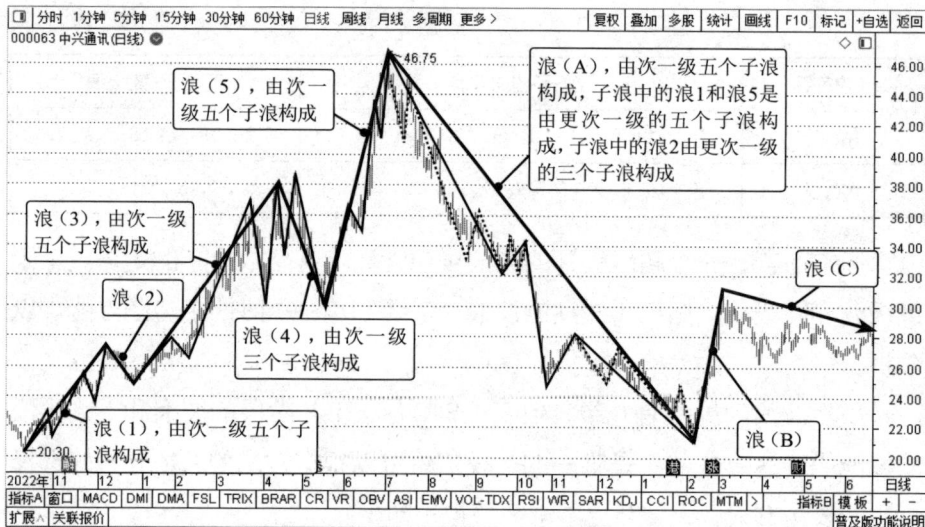

图 1-20 中兴通讯 2022 年 10 月至 2024 年 6 月的 K 线走势

从图 1-20 中可以看到，在这段时间内包含了三个层级的波浪结构，下面分别进行说明。

第一层级为图 1-20 中的粗实线波浪形态，该层级是一个完整的八浪结构，其波浪标识为：浪（1）-浪（2）-浪（3）-浪（4）-浪（5）-浪（A）-浪（B）-浪（C）。

除了浪（2）、浪（B）和浪（C）以外，其他五个浪都由次一级的波浪组成，这就是第二层级的波浪结构，即图 1-20 中以细实线进行标识。

浪（1）、浪（3）、浪（4）、浪（5）和浪（A）的次一级波浪结构如下：

浪（1）由一段上升五浪构成：浪 1-浪 2-浪 3-浪 4-浪 5。

浪（3）由一段上升五浪构成：浪 1-浪 2-浪 3-浪 4-浪 5。

浪（4）由一段下跌三浪构成：浪 A-浪 B-浪 C。

浪（5）由一段上升五浪构成：浪 1-浪 2-浪 3-浪 4-浪 5。

浪（A）由一段下跌五浪构成：浪 1-浪 2-浪 3-浪 4-浪 5。

在第二层级波浪循环结构中，浪（A）的浪 1、浪 2 和浪 5 由更次一级的波浪组成，这就是第三层级的波浪结构，在图 1-20 中以虚线进行标识。

浪（A）的浪 1、浪 2 和浪 5 的次一级波浪结构如下：

浪（A）的浪 1 由一段下跌五浪构成：浪①-浪②-浪③-浪④-浪⑤。

浪（A）的浪 2 由一段上升三浪构成：浪 a- 浪 b- 浪 c。

浪（A）的浪 5 由一段下跌五浪构成：浪①- 浪②- 浪③- 浪④- 浪⑤。

为了更方便理顺三个层级的循环结构，下面将所有波浪所处层级关系整理为如图 1-21 所示的示意图。

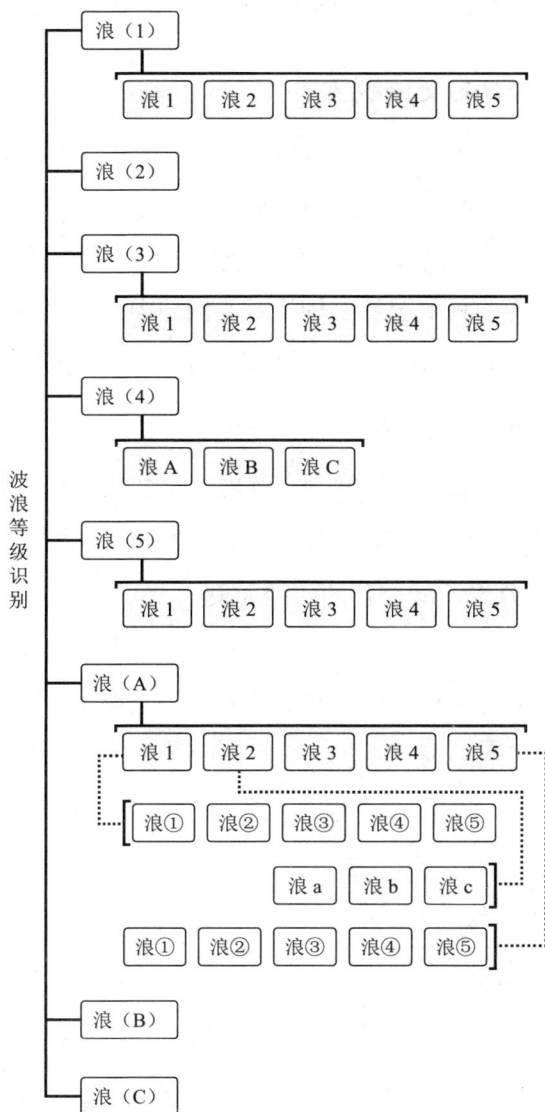

图 1-21　三个层级的波浪循环结构示意图

1.4 了解波浪分析技术中的重要现象

波浪的交替和波浪的延长是市场走势中的一种重要现象，投资者在运用波浪分析技术时，应充分重视这两种现象的作用，并结合其他分析工具和方法进行综合判断，从而更好地指导对未来趋势的预测。

1.4.1 波浪理论中的交替现象

波浪理论的交替现象揭示了波浪形态之间的内在联系和交替规律，其具体是指在价格运行中，所有的波浪形态几乎是交替轮流出现的。这一现象在分析波浪形态及预测未来趋势的可能形态时非常有效。

交替现象分为两种情况：一种是五浪模型中浪 2 和浪 4 之间的交替，另一种是三浪模型中浪 A 和浪 B 之间的交替。下面分别进行介绍。

1. 五浪模型中浪 2 和浪 4 之间的交替

五浪模型中浪 2 和浪 4 之间的交替现象主要从时间和形态两个方面进行研究。下面分别对这两种交替现象及交替中的波形进行具体介绍。

（1）认识浪 2 和浪 4 交替的两种现象

从时间上来看，如果浪 2 的持续时间较短，那么浪 4 持续时间较长的可能性就很大，反之亦然。图 1-22 为牛市中五浪模型中浪 2 和浪 4 在时间上的交替规律示意图。

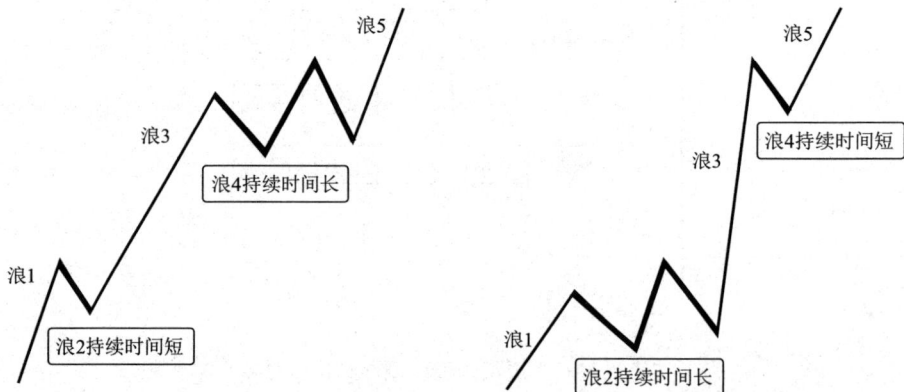

图 1-22 牛市中五浪模型中浪 2 和浪 4 在时间上的交替规律

图 1-23 为熊市中五浪模型中浪 2 和浪 4 在时间上的交替规律示意图。

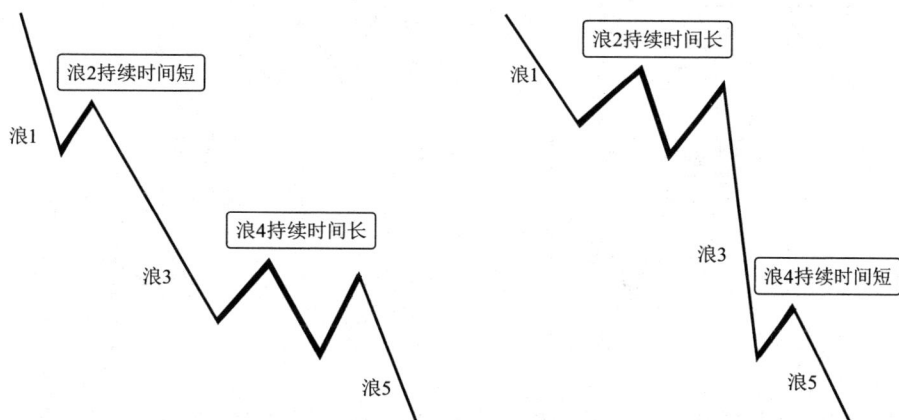

图 1-23　熊市中五浪模型中浪 2 和浪 4 在时间上的交替规律

从形式上来看，如果浪 2 形态简单，那么浪 4 走得很复杂的概率就很大，反之亦然。图 1-24 为牛市中五浪模型中浪 2 和浪 4 在形态上的交替规律示意图。

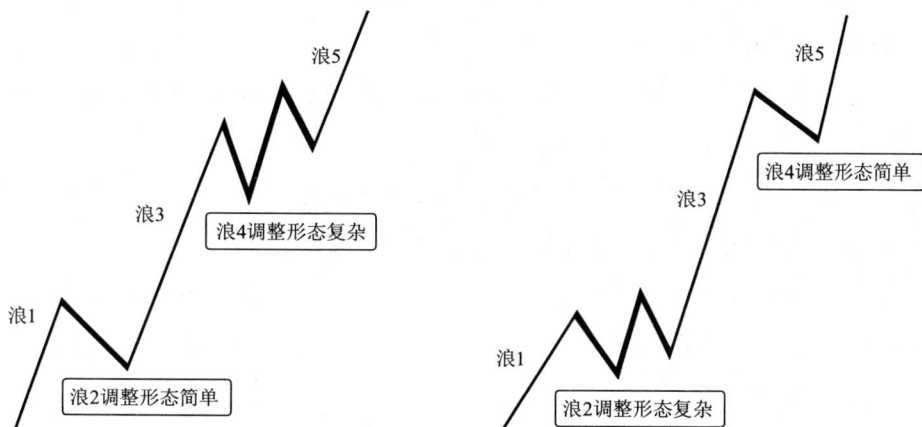

图 1-24　牛市中五浪模型中浪 2 和浪 4 在形态上的交替规律

图 1-25 为熊市中五浪模型中浪 2 和浪 4 在形态上的交替规律示意图。

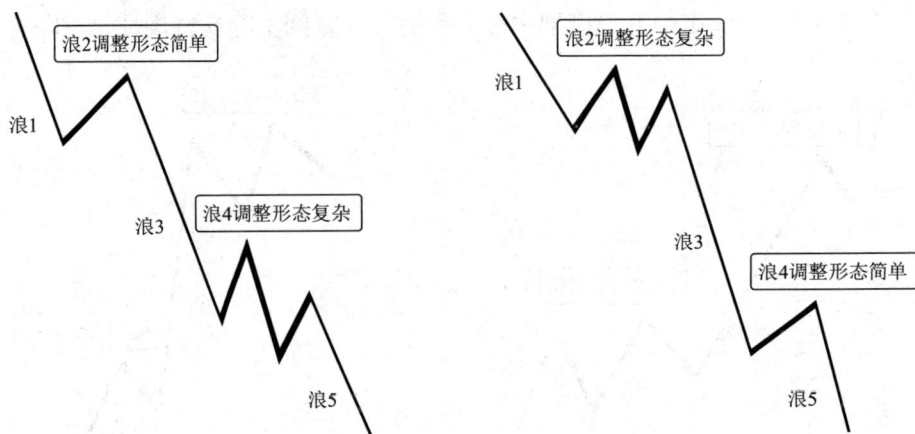

图 1-25　熊市中五浪模型中浪 2 和浪 4 在形态上的交替规律

（2）了解浪 2 和浪 4 交替的波形

前面介绍了从形态上来看浪 2 和浪 4 的交替，其实主要就是看浪 2 和浪 4 波形是简单还是复杂。

那么，何为简单调整，何为复杂调整呢？投资者可以从调整的特点及常见形态来进行区分。

所谓简单调整，其形态调整的特点是速度快、幅度大、时间短，这种调整形态多以单浪或锯齿形下跌出现。

相对而言，在复杂调整中，其形态的调整特点是时间长、震荡幅度小，这种调整形态就比较多，通常以平台形、三角形等形态出现。

这里提到了锯齿形、平台形、三角形，那么这几种形态到底是什么样呢？下面分别简单介绍。

①锯齿形

锯齿形调整浪是对所有子浪是 5-3-5 形式的 A-B-C 调整浪的总称，也称为"之"字形调整，这种调整形态的调整幅度通常较深。

在标准的 5-3-5 调整形态中，浪 B 的终点反弹不过浪 A 的起点，浪 C 终点大幅度低于浪 B 起点，整体看上去是一个跌势迅猛的下跌走势，其示意图如图 1-26 所示。

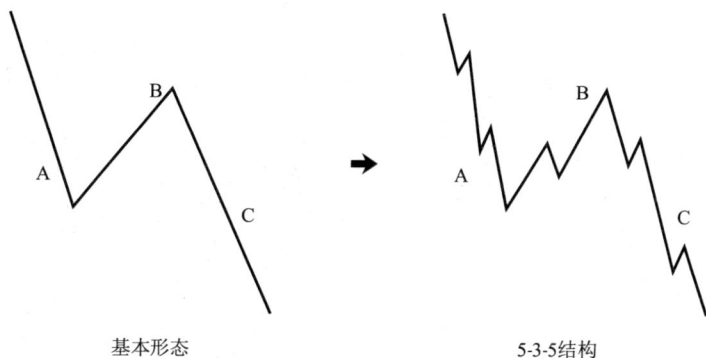

基本形态　　　　　　　　　5-3-5结构

图 1-26　锯齿形（5-3-5）调整形态

在实际走势中，锯齿形还会出现双重锯齿形和三重锯齿形的走势，其与单锯齿形类似，只是用一个 X 浪将两个或三个锯齿形调整浪连接起来，图 1-27 为双重锯齿形调整形态的示意图。

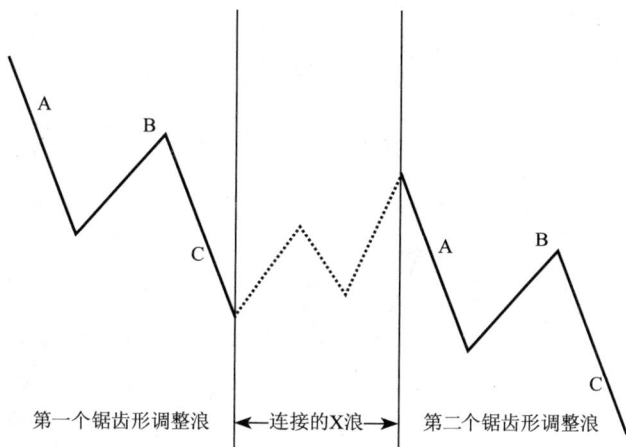

第一个锯齿形调整浪　├—连接的X浪—┤　第二个锯齿形调整浪

图 1-27　双重锯齿形调整形态

②平台形

平台形调整浪是对所有子浪是 3-3-5 形式的 A-B-C 调整浪的总称。这是一种非常强势的调整形态。

在标准的 3-3-5 调整形态中，浪 B 的终点要远远高过浪 A 的起点，浪 C 终点也要高于浪 B 起点，整体看上去就如同一个向上倾斜的平台形，其示意图如图 1-28 所示。

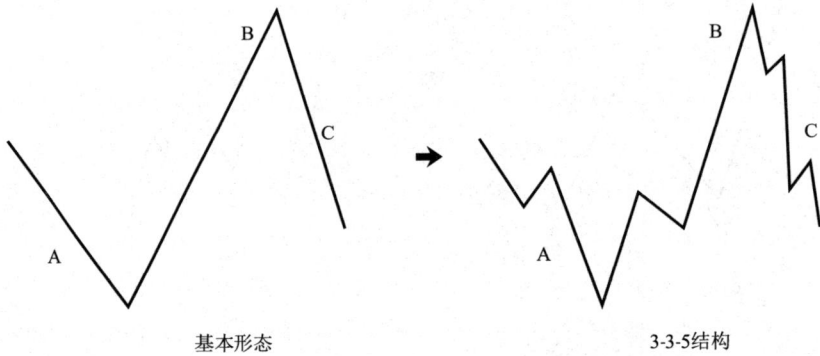

基本形态　　　　　　　　　　　3-3-5结构

图1-28　平台形（3-3-5）调整形态

在实际的行情走势中，平台形调整浪并不是一定以标准的基本形态出现，多数情况都以变形形态出现，图1-29为一些常见的变形平台形调整浪的基本形态。

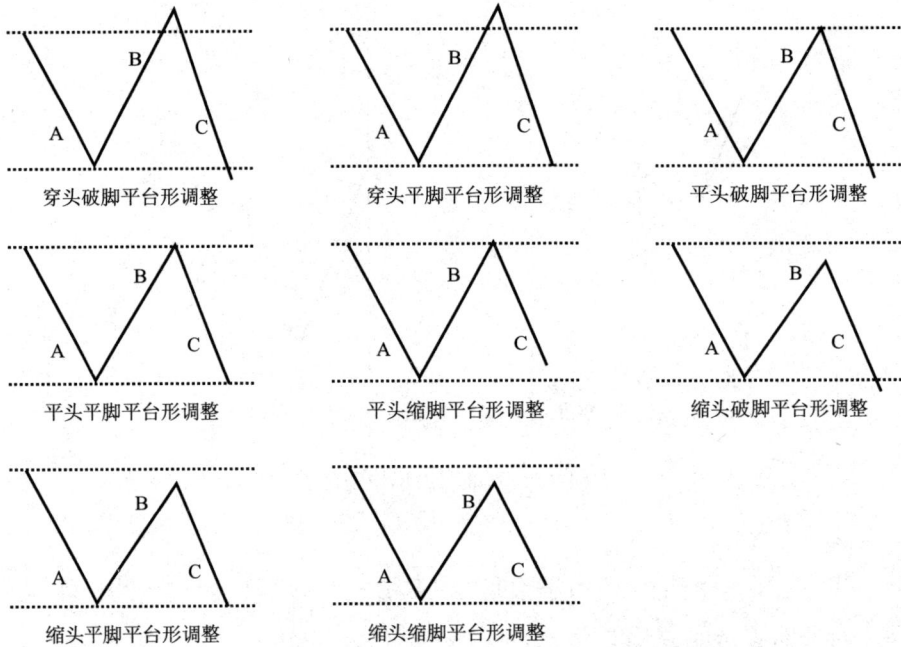

穿头破脚平台形调整　　　穿头平脚平台形调整　　　平头破脚平台形调整

平头平脚平台形调整　　　平头缩脚平台形调整　　　缩头破脚平台形调整

缩头平脚平台形调整　　　缩头缩脚平台形调整

图1-29　平台形调整形态变形示意图

与锯齿形调整浪相同，平台形调整浪也有双重平台形调整浪和三重平台形调整浪之分，其具体形态也是用一个X浪将两个或三个平台形调整浪连接起来。相对而言，在实战中，双重平台形调整浪比较常见，其示意图如图 1-30 所示。而三重平台形调整浪比较少见。

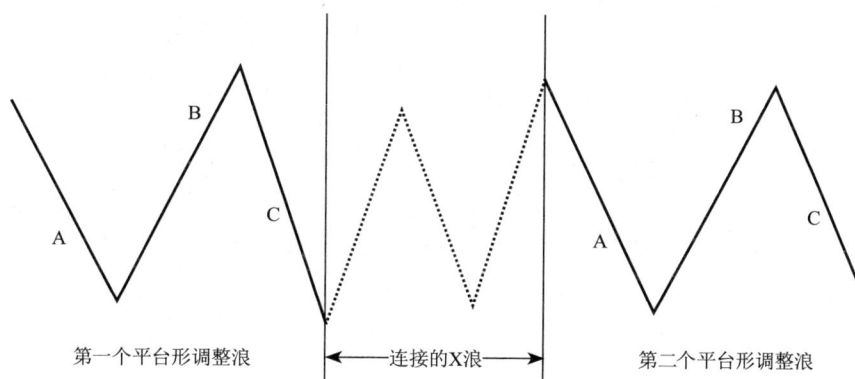

图 1-30 双重平台形调整形态

③三角形

三角形调整浪总的结构是五波 3-3-3-3-3 结构，用 A-B-C-D-E 来表示。一个标准的三角形调整浪，内部都包含五个边和六个点，每个边的构成均为三波结构。

从形态特征来划分，创建的三角形调整浪包括上升三角形调整浪、下降三角形调整浪、对称三角形调整浪。这几种调整浪在牛市和熊市中都可能出现。下面基于牛市行情分别列举这几种三角形调整浪的形态示意图，具体如图 1-31、图 1-32 和图 1-33 所示。熊市中三角形调整浪的形态与牛市中的形态相似，只需要将其垂直翻转即可。

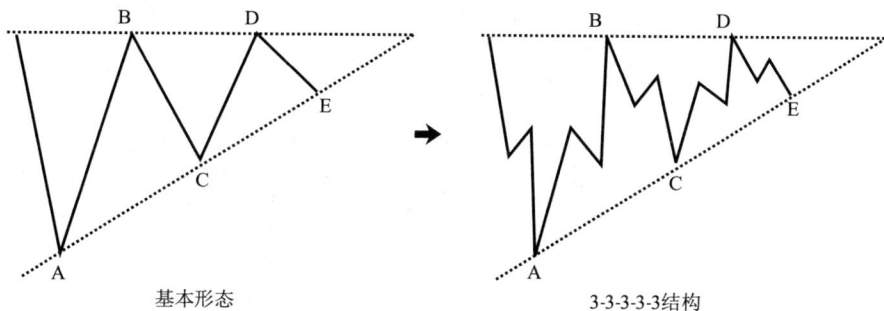

图 1-31 上升三角形（3-3-3-3-3）调整形态

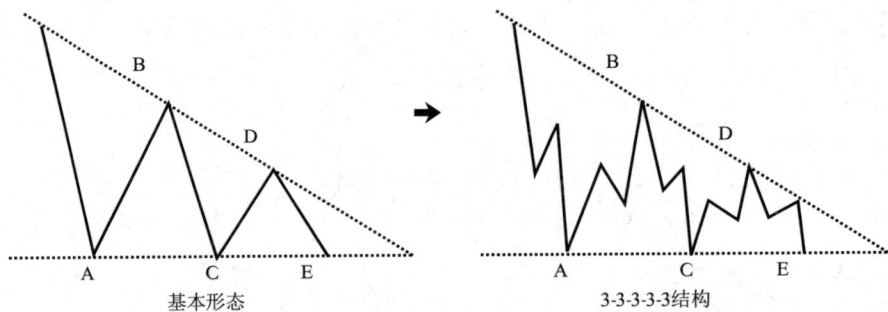

图 1-32 下降三角形（3-3-3-3-3）调整形态

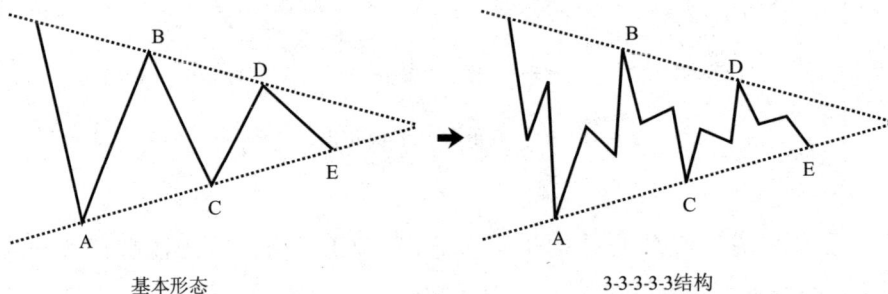

图 1-33 对称三角形（3-3-3-3-3）调整形态

对几种基本形态有了一定了解后，下面以牛市为前提，展示几种综合的交替调整浪。

图 1-34 为上升 5 浪中浪 2 和浪 4 之间的平台形调整浪交替示意图。

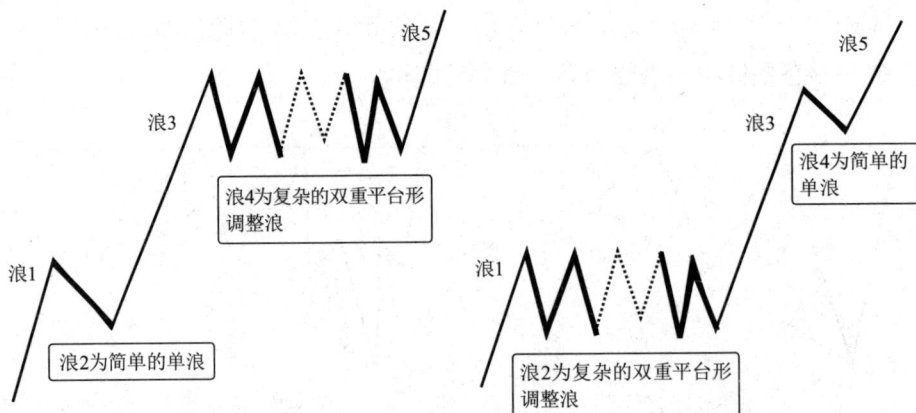

图 1-34 牛市中的平台形调整浪交替

图 1-35 为上升 5 浪中浪 2 和浪 4 之间的三角形调整浪交替示意图。

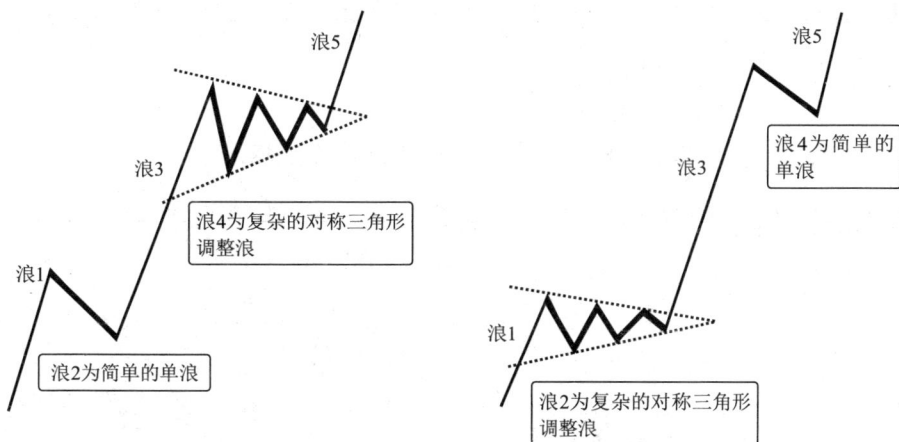

图 1-35　牛市中的三角形调整浪交替

下面来看一个上升五浪中浪 2 和浪 4 之间交替的实例。

实例分析 平安银行（000001）上升五浪中浪 2 和浪 4 之间的交替分析

图 1-36 为平安银行 2023 年 12 月至 2024 年 6 月的 K 线走势。

图 1-36　平安银行 2023 年 12 月至 2024 年 6 月的 K 线走势

从图 1-36 中可以看到，该股在 2024 年 1 月下旬至 5 月底经历了一波五浪上涨走势。从时间上来看，浪 2 只有几个交易日，而浪 4 则持续了近两个月的时间，二者在时间上形成了明显的交替现象。此外，从形态上来看，二者也形成了交替现象。

下面来进行具体分析。

图 1-37 为平安银行 2024 年 1 月至 2 月的 K 线走势。

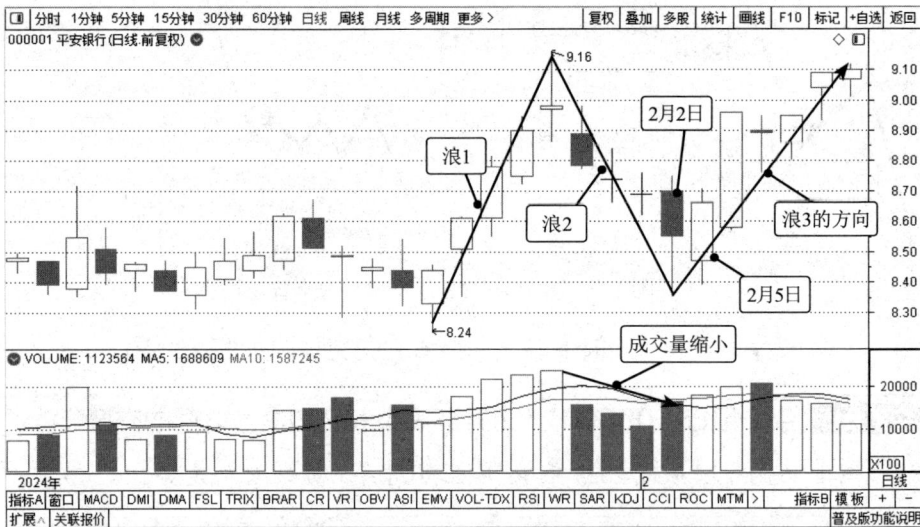

图 1-37　平安银行 2024 年 1 月至 2 月的 K 线走势

从图 1-37 中可以看到，该股在低位长时间横盘后于 1 月 23 日创出 8.24 元的最低价后企稳回升步入上涨行情，开启浪 1。在成交量不断温和放大的作用下，该股在 1 月 29 日创出 9.16 元的阶段性高位后出现回落，进入浪 2 调整。

在整个浪 2 回调过程中，股价几乎成直线下降，最终在 2 月 2 日跌破 8.40 元价位线创出 8.35 元的低价，在这个期间，整个成交量相对于前期浪 1 而言，呈现明显缩小的状态，这说明在这个阶段中，股价下跌是主力清理浮筹的手段，目的是减小后市的拉升阻力。

2 月 5 日，该股低开后一路震荡高走，当日以 1.29% 的涨幅收出一根中阳线，股价企稳，说明浪 2 结束，且止跌位并没有跌破浪 1 起始点，说明浪 2 回调有效，后市将开启浪 3，投资者可以在此时逢低吸纳布局，积极做多。

下面放大浪 4 阶段进行具体分析。

图 1-38 为平安银行 2024 年 2 月至 5 月的 K 线走势。

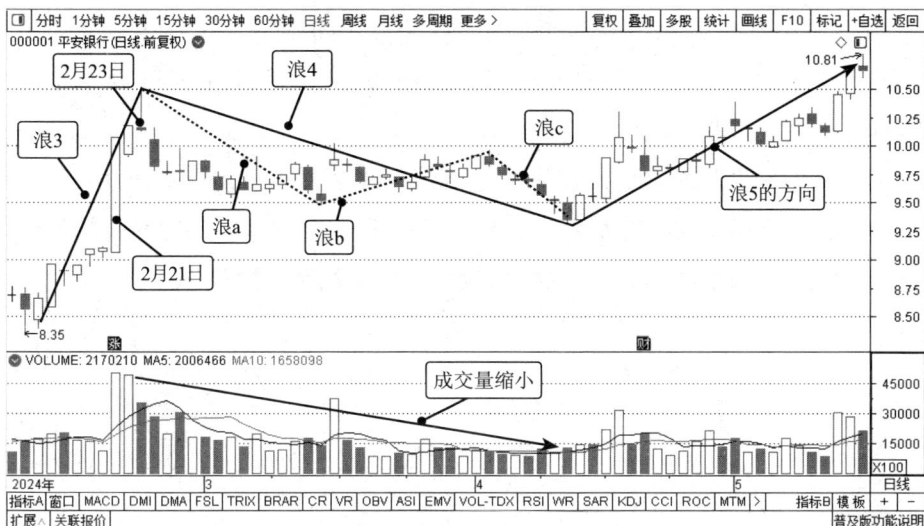

图 1-38　平安银行 2024 年 2 月至 5 月的 K 线走势

从图 1-38 中可以看到，该股开启浪 3 后一路上涨，尤其在 2 月 21 日，该股更是放出巨量收出一根涨停大阳线，直接将股价快速拉高突破 10.00 元价位线，之后该股继续上冲，并在 2 月 23 日以 10.52 元的价格阶段见顶。之后股价开始回落，成交量迅速缩小，说明浪 3 结束，行情进入浪 4 回调阶段。

从前面浪 2 回调的形态来看，是一个典型的单浪调整形态，而且持续的时间只有几个交易日。由于在上升五浪中，浪 2 和浪 4 从时间和形态上都会出现交替现象，因此，可以预测这波浪 4 调整形态会比较复杂，而且持续时间比较长，因此，投资者可以在浪 3 结束进入浪 4 回调初期抛售离场，提高资金利用率。

并且在 3 月中旬浪 4 回调到 9.50 元有企稳迹象时，也不要着急判断浪 4 结束，投资者应继续等待。最终，浪 4 以缩头破脚平台形调整形态完成调整，从整个调整形态的成交量来看，成交量始终在缩小，且在浪 c 阶段成交量几乎保持在一个较小的水平横向变化，说明调整即将结束。当股价在 4 月中旬跌破 9.50 元价位线后企稳，表示浪 4 回调即将结束，此时场外投资者可以做好买入准备，但是此时毕竟进入浪 5 阶段，投资者要谨慎追涨，因为行情随时可能见顶。

2. 三浪模型中浪 A 和浪 B 之间的交替

三浪模型中包含浪 A、浪 B 和浪 C，但一般情况下，对于交替现象的分析主要以浪 A 和浪 B 为研究对象。这两者之间的交替也通常是从形态和力度两个方面进行。

从形态角度来看，浪 A 和浪 B 之间多以平台形和锯齿形交替为主，即如果浪 A 为 3-3-5 结构的平台形调整形式，那么浪 B 多为 5-3-5 结构的锯齿形调整形式，反之亦然。其示意图如图 1-39 和图 1-40 所示。

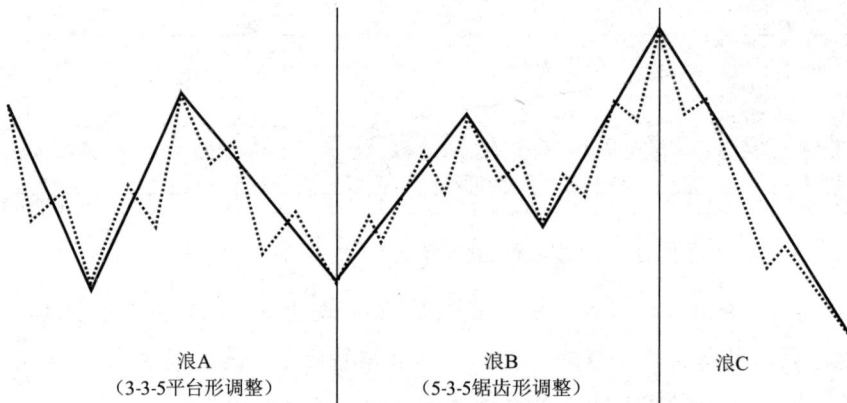

图 1-39　平台形浪 A 和锯齿形浪 B 的交替

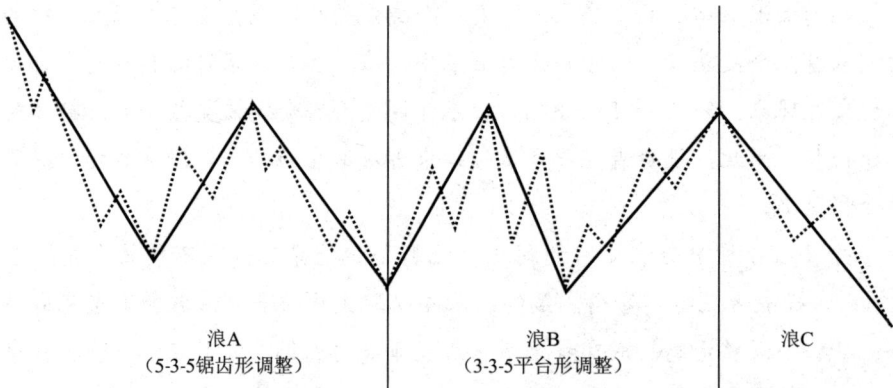

图 1-40　锯齿形浪 A 和平台形浪 B 的交替

从图 1-39 和图 1-40 中可以看到，浪 A 和浪 B 是以锯齿形和平台形的形态互相交替出现的，而且相邻两个调整浪出现交替现象一般都发生在时间较长的平台形调整中，整个浪形也比较复杂，走势相对不明，投资者需要长期关注。

从力度来看，如果浪 A 的调整力度较大，那么浪 B 的反弹力大概率比较小；反之，如果浪 A 的调整力度较小，那么浪 B 的反弹力大概率比较大，其反弹结束位置可能达到浪 A 起点，甚至高于浪 A 起点。

图 1-41 和图 1-42 为浪 A 和浪 B 从力度角度产生交替现象的示意图。

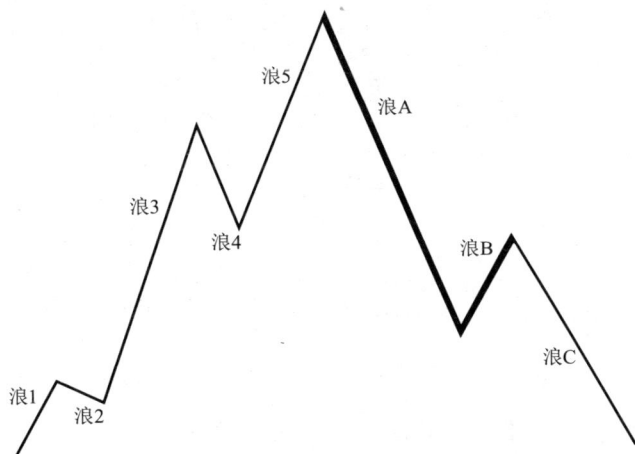

图 1-41　浪 A 调整力度大，浪 B 反弹力度小

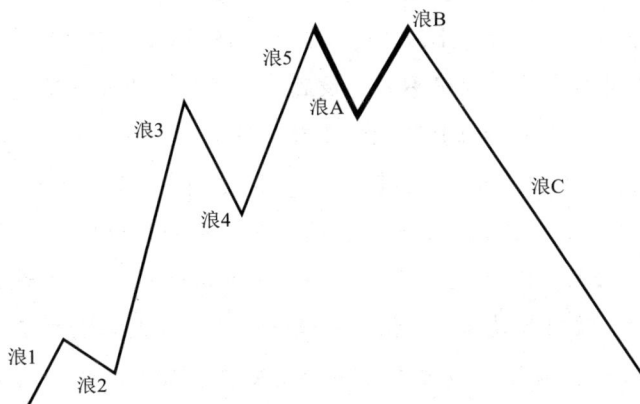

图 1-42　浪 A 调整力度小，浪 B 反弹力度大

下面来看一个下跌三浪中浪 A 和浪 B 之间交替的实例。

实例分析 深振业 A（000006）下跌三浪中浪 A 和浪 B 之间的交替分析

图 1-43 为深振业 A 2022 年 10 月至 2024 年 7 月的 K 线走势。

图 1-43　深振业 A 2022 年 10 月至 2024 年 7 月的 K 线走势

从图 1-43 中可以看到，在这一时间段，该股经历了一波八浪走势。在上升五浪过程中，由于浪 3 的爆发上涨，使得大量的投资者在第 3 浪后选择获利了结或转向空头，浪 4 直接以直线下跌的方式开启回落。所以浪 5 的上涨可能因此受到压制，最终上涨不过浪 3 顶部便结束转入下跌。

由于市场中缺乏多头市场参与，该股进入下跌后便开启了大幅下跌的浪 A 走势。下面放大浪 A 和浪 B 阶段的走势进行具体分析，如图 1-44 所示。

从图 1-44 中可以看到，该股在 2022 年 12 月 28 日创出 7.17 元的高价后见顶，浪 5 结束。之后开启浪 A 下跌。在下跌初始阶段中，股价的下跌走势是比较凶险的，浪 A 是由五个更小一级的浪组成，直接将股价压低到 4.29 元的低价。跌幅超过 40%，相对来说，算是比较大的跌幅了。由于在下跌三浪中，浪 A 和浪 B 在力度上容易形成交替，因此，可以预测接下来的浪 B 调整的力度不会特别大，所以，浪 A 结束后，要抢反弹操作的投资者一定要有这个预判，不能过于期待浪 B 的反弹高度。

从浪 B 的实际走势来看，由三个次一级的三浪调整模式构成，尤其在小浪 c 阶段，股价的反弹上涨明显吃力，此时投资者就要意识到浪 B 即将反弹结束，场内投资者最好选择逢高卖出，锁定利润。最终，股价在触及 6.00 元价位线时便受阻回落，进入浪 C 阶段。

图 1-44　深振业 A 2022 年 12 月至 2023 年 9 月的 K 线走势

通过以上两节内容的讲解可以发现，投资者在了解了波浪中的交替现象后，可以更好地从时间、形态和幅度多方面对波浪的运行情况进行预测，这能够为投资者制定买卖策略提供更加可靠的依据。

1.4.2　波浪发生延长的现象

所谓波浪的延长，具体是指波浪中某个浪的运动发生放大或拉长的现象，该浪也被称为延长浪。延长浪的出现通常预示着市场趋势的延续。在上涨行情中，延长浪的出现意味着股价还有上涨空间；在下跌行情中，则可能意味着股价还将继续下跌。

在波浪分析技术中，当某个波浪由次一级的小波浪构成时，就会导致原来的浪级发生延长。因此，波浪中的每一个浪都可能发生延长。但是，相对而言，延长浪在推动浪中较为常见，下面就以推动浪中的延长浪为例来进行讲解，其示意图如图 1-45 所示。

浪1发生延长　　　　　　浪3发生延长　　　　　　浪5发生延长

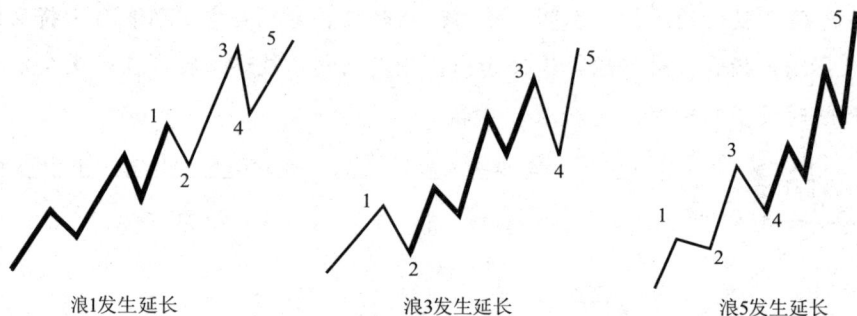

图 1-45　五浪模型中浪 1、浪 3 和浪 5 发生延长

虽然延长浪可能发生在浪 1、浪 3 和浪 5 的任何一浪中，但是这三浪中发生延长浪的概率是不一样的。其中，浪 1 发生延长的情况很少，浪 3 和浪 5 中出现的频率相对较高，而最容易发生延长的是浪 3。

这主要是因为在浪 3 产生之前，股价经过了浪 1 的筑底上涨和浪 2 的回调整理，主力手中已经持有一定的筹码。因此，在浪 3 这一阶段，主力就可以进行大幅拉抬，资金量大的主力可以连续地拉升，但资金量小或持有筹码较少的主力，则会选择边拉边洗的方法拉升股价，由此产生浪 3 的延长。

同时，根据前面介绍的波浪理论中的铁律规定可知，浪 3 是最具爆发力的一浪，由此也可以证明浪 3 发生延长的可能性较大。

由于在前面的实例中延长浪涉及得比较多，这里就不再举例了。下面从延长浪发生后的市场走向和应对策略两个方面对延长浪进行深入介绍。

1. 了解延长浪发生后的市场走向

在浪 1、浪 3 和浪 5 阶段出现延长浪后都会进入股价的回调阶段，因此，在实战操作中，投资者还得重点关注延长浪发生后的市场行为。

在浪 1 和浪 3 的涨势过后，会通过浪 2 和浪 4 对股价进行回调，因此，当这两个波浪发生延长后，即使出现错误操作，损失也不至于太大。但是对于浪 5 而言，其在结束后，后市往往是行情的反转，因此，在这三个波浪中，浪 5 更加值得投资者关注其后市的走向。

在浪 5 延长完成后，市场开始以三浪结构向下运动到延长部分的起点附近。随后，市场再度上冲，回调延长部分的顶部。这里是个分水岭，从此，市场要么形成顶部，要么恢复上升趋势，开始更大一级的波浪运动。

图 1-46 为浪 5 发生延长后形成顶部的示意图。

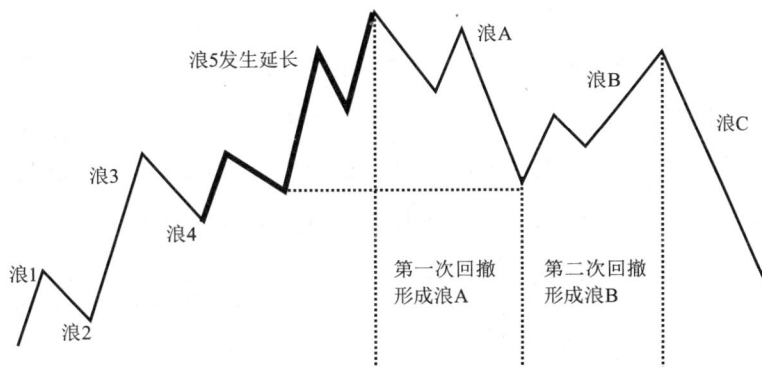

图 1-46　浪 5 发生延长后形成顶部示意图

从图 1-46 中可以看到，在浪 5 发生延长后，随后的两次回撤分别形成了浪 A 和浪 B，也就是下跌浪的前两浪，继而市场顶部形成，后市进入下跌行情。

图 1-47 为浪 5 发生延长后开始更大一级的波浪运动的示意图。

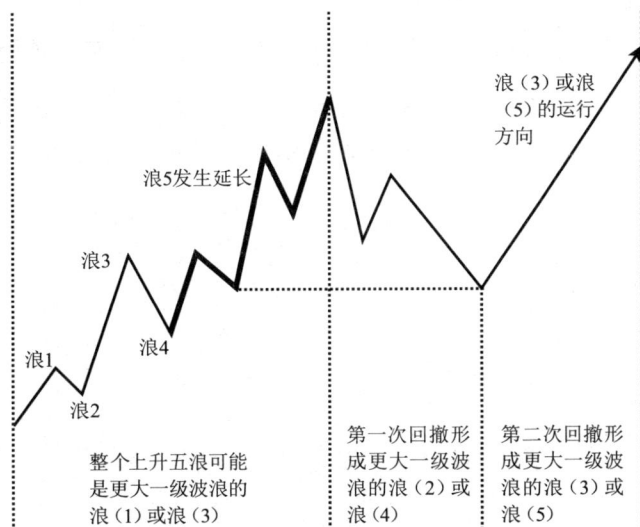

图 1-47　浪 5 发生延长后开始大一级的波浪运动

从图 1-47 中可以看到，在浪 5 发生延长后，该股重拾升势，继而进行更大一级波浪的运动，此时数浪有两种情况，一种是前期的上升五浪可以看做是更大一级波浪的浪（1），那么浪 5 发生延长后，随后的两次回撤分别形成了更大一级的浪（2）和浪（3）。另一种是浪 5 发生延长后也可以看作是更大一级波浪的浪（3），随后的两次回撤分别形成了更大一级的浪（4）和浪（5）。

在这里，延长后是否重新回归上升趋势，不仅要注意各个波浪之间的形态变化，还要关注在第二次回撤时成交量是否放大，以及在此是否有重要均线支撑或带量突破重要均线。

2. 延长浪发生后的应对策略

虽然在延长浪的行情中，投资者可以抓住趋势延续的机会进行投资，获取更高的收益。但是投资者同时也需要注意延长浪可能带来的风险。因此，面对延长浪发生后，投资者的应对策略可以从以下三方面入手：

①顺势而为。在延长浪的行情中，投资者应该顺势而为，跟随市场趋势进行投资。不要逆势而为，否则可能会遭受不必要的损失。

②保持耐心。在延长浪的行情中，投资者需要保持耐心，不要轻易平仓。因为延长浪可能持续较长时间，投资者需要耐心等待市场趋势的转变。

③密切关注市场变化。投资者在投资过程中需要密切关注市场变化，及时调整自己的投资策略。一旦市场趋势发生转变，投资者需要及时止盈或止损。

第 2 章

艾略特波浪理论中的数学关系

艾略特波浪理论中的数学关系主要体现在波浪的划分与结构及各波浪之间的比例关系等方面。通过了解这些数学关系，可以提高对市场未来走势的预测能力，更科学地寻找到合理的买卖点，进而帮助投资者制定更科学的投资策略，以及实现投资风险的有效控制。

2.1 波浪理论的数学基础是什么

波浪理论的数学基础主要体现在斐波那契数列和黄金分割率的应用上。通过这两个数学原理的结合，使得波浪理论在股市分析和预测中具有一定的实用性和准确性。

下面来认识一下有关斐波那契数列和黄金分割率的数学内容，为后面深入学习其在波浪中的应用奠定基础。

2.1.1 了解斐波那契数列

斐波那契数列又称黄金分割数列，是由数学家莱昂纳多·斐波那契提出的。数列的前几项为：0、1、1、2、3、5、8、13、21、34、55、89、144……

这个数列有一个神奇的特点，就是从第三个数字开始，任何两个相邻的数字之和都等于下一个数字，具体如下：

0+1=1

1+1=2

1+2=3

2+3=5

3+5=8

5+8=13

8+13=21

13+21=34

21+34=55

34+55=89

55+89=144

……

这个数列其实是以兔子繁殖问题来引入的，因此又被称为"兔子数列"。下面来看看如何通过兔子繁殖问题来阐述该数列。

实例分析　如何通过兔子繁殖问题阐述斐波那契数列

【兔子繁殖问题的背景】

假设一对兔子从出生后第三个月起每个月都生出一对小兔子，而每对小兔子出生后的第三个月起也开始每个月生一对小兔子。

如果兔子永不死去，那么从一对兔子开始，一年后到底能够繁殖成多少对兔子呢？

【兔子繁殖问题的分析】

第一个月：新出生的一对小兔子没有繁殖能力，所以仍然只有一对兔子。

第二个月：这对兔子仍然没有繁殖，数量上仍然是一对。

第三个月：这对兔子开始繁殖，生下一对小兔子，此时共有两对兔子（一对成年兔子和一对新生兔子）。

第四个月：成年兔子再生下一对小兔子，而新生兔子还没有繁殖能力，所以共有三对兔子。

以此类推，每个月的兔子对数都等于前两个月的兔子对数之和。

【斐波那契数列与兔子繁殖的对应关系】

根据兔子繁殖问题的分析，我们可以列出斐波那契数列与兔子繁殖的对应关系，见表 2-1。

表 2-1　斐波那契数列与兔子繁殖的对应关系

经过月数	1	2	3	4	5	6	7	8	9	10	11	12	……
新生兔子对数	1	0	1	1	2	3	5	8	13	21	34	55	……
成年兔子对数	0	1	1	2	3	5	8	13	21	34	55	89	
兔子总对数	1	1	2	3	5	8	13	21	34	55	89	144	

从表 2-1 中可以得出如下规律：

新生兔子对数 = 前月成年兔子对数

成年兔子对数 = 前月成年兔子对数 + 前月新生兔子对数

兔子总对数 = 本月成年兔子对数 + 本月新生兔子对数

由此可以看出，新生兔子对数、成年兔子对数及兔子总对数都构成了一个数列。这个数列有着十分明显的特点，即前面相邻两项之和，构成了后一项。

下面分别来看新生兔子对数数列、成年兔子对数数列、兔子总对数数列各自的数列构成示意图，如图 2-1、图 2-2 和图 2-3 所示。

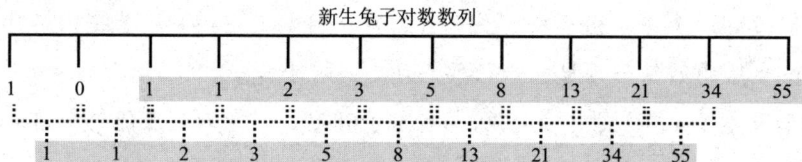

新生兔子对数数列

| 1 | 0 | 1 | 1 | 2 | 3 | 5 | 8 | 13 | 21 | 34 | 55 |

| 1 | 1 | 2 | 3 | 5 | 8 | 13 | 21 | 34 | 55 |

相邻两个序列数据相加产生的数列与新生兔子对数数列的第三个数据之后的数据序列完全一致

图 2-1　新生兔子对数构成的数列示意图

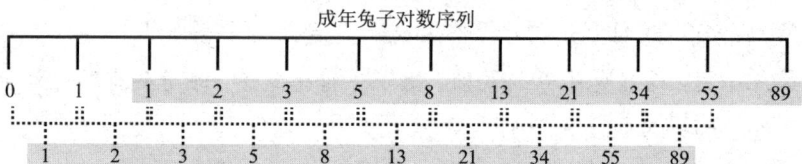

成年兔子对数序列

| 0 | 1 | 1 | 2 | 3 | 5 | 8 | 13 | 21 | 34 | 55 | 89 |

| 1 | 2 | 3 | 5 | 8 | 13 | 21 | 34 | 55 | 89 |

相邻两个序列数据相加产生的数列与成年兔子对数数列的第三个数据之后的数据序列完全一致

图 2-2　成年兔子对数构成的数列示意图

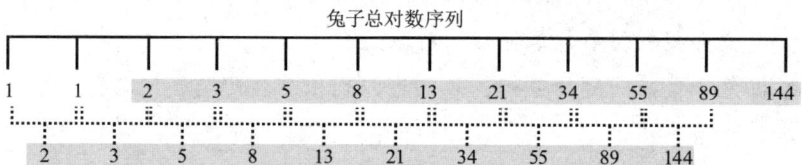

兔子总对数序列

| 1 | 1 | 2 | 3 | 5 | 8 | 13 | 21 | 34 | 55 | 89 | 144 |

| 2 | 3 | 5 | 8 | 13 | 21 | 34 | 55 | 89 | 144 |

相邻两个序列数据相加产生的数列与兔子总对数数列的第三个数据之后的数据序列完全一致

图 2-3　兔子总对数构成的数列示意图

从图 2-1、图 2-2 和图 2-3 可以更加清晰和直观地看到，无论是新生兔子对数的数列，还是成年兔子对数的数列，又或是兔子总对数的数列，每组数列都是从第三个数据开始，后面的每个数据都可以用前面的两个数据相加得到。

2.1.2　了解黄金分割率

要了解黄金分割率，首先需要了解什么是黄金分割。

从数学定义来看，黄金分割是指将整体一分为二，较大部分与整体部分的比值等于较小部分与较大部分的比值，其比值约为 0.618。

下面通过示意图来进行理解，如图 2-4 所示。

A ————————— C ——— B

图 2-4　黄金分割示意图

在图 2-4 中，C 点将线段 AB 分割成 AC 和 AB 两条线段，如果两条线段存在以下关系：

$$\frac{AC}{AB} = \frac{BC}{AC} \approx 0.618$$

那么就可以说线段 AB 被 C 点黄金分割，而 C 点就是线段 AB 的黄金分割点，AC 与 AB 的比值就是黄金分割率。

换言之，黄金分割率的基本公式是将一分成 0.382 和 0.618。

$0.382 \div 0.618 \approx 0.618$

$0.618 \div 1 = 0.618$

2.1.3　斐波那契数列与黄金分割率的关系

斐波那契数列与黄金分割率，二者之间也有着密切的关系，具体是随着斐波那契数列项数的增加，任意相邻或隔位相邻两项数字的比值会越来越接近黄金分割率，或与黄金分割率有关的特殊数据。下面进行具体讲解。

1. 任意相邻两项数字相比

在斐波那契数列中，任意取两个相邻的数字，将低位数除以高位数，计算结果都向 0.618 靠近，且越往数列后的相邻两个数字，低位数除以高位数的结果越接近 0.618。具体如下：

$5 \div 8 = 0.625$

$8 \div 13 = 0.615\ 385$

$21 \div 34 = 0.617\ 647$

$34 \div 55 = 0.618\ 182$

$89 \div 144 = 0.618\ 056$

反之，任意取两个相邻的数字，将高位数除以低位数，计算结果都向

1.618 这个与黄金分割率相关的特殊比值靠近，且越往数列后的相邻两个数字，高位数除以低位数的结果越接近 1.618。具体如下：

$8 \div 5 = 1.6$

$13 \div 8 = 1.625$

$34 \div 21 = 1.619\ 048$

$55 \div 34 = 1.617\ 647$

$144 \div 89 = 1.617\ 978$

2. 任意隔位相邻两项数字相比

在斐波那契数列中，任意取两个隔位相邻的数字，将低位数除以高位数，计算结果都向 0.382 靠近，且越往数列后的隔位相邻两个数字，低位数除以高位数的结果越接近 0.382。具体如下：

$3 \div 8 = 0.375$

$5 \div 13 = 0.384\ 615$

$13 \div 34 = 0.382\ 353$

$34 \div 89 = 0.382\ 022$

$55 \div 144 = 0.381\ 944$

反之，任意取两个隔位相邻的数字，将高位数除以低位数，计算结果都向 2.618 这个与黄金分割率相关的特殊比值靠近，且越往数列后的隔位相邻两个数字，高位数除以低位数的结果越接近 2.618。具体如下：

$8 \div 3 = 2.666\ 667$

$13 \div 5 = 2.6$

$34 \div 13 = 2.615\ 385$

$89 \div 34 = 2.617\ 647$

$144 \div 55 = 2.618\ 182$

所以，真正让黄金分割率成为理论表述的就是斐波那契数列。也正是这一特性，使得斐波那契数列在预测市场波动、分析自然现象等方面具有一定的应用价值。

2.2　数学内容在波浪中的体现

斐波那契数列和黄金分割率作为波浪理论的数学基础，前者主要作为波浪形态细分的依据，为波浪理论的形态分析提供了数学基础；而后者主要是作为市场波动幅度和时间周期预测的重要工具，为交易者提供宝贵的参考信息。

下面具体来了解这两个数学内容在波浪中的体现。

2.2.1　斐波那契数列在波浪中的体现

要了解斐波那契数列在波浪理论中如何体现，首先要回顾一下驱动浪与调整浪及其对应的子浪关系。下面分别从牛市行情和熊市行情两个角度来观察。

1. 牛市中驱动浪和调整浪与子浪的关系

在牛市中，如果用一条直线分别表示最简单的驱动浪和调整浪，其示意图如图 2-5 所示。

图 2-5　牛市中最简单的驱动浪和调整浪的波浪形式

按驱动浪可以分成次一级的五浪上涨形态，调整浪可以分成次一级的三浪下跌形态，可以得到牛市中相对复杂的驱动浪和调整浪的波浪形式，如图 2-6 所示。

驱动浪（牛市）　　　　　　　调整浪（牛市）

图 2-6　牛市中较复杂的驱动浪和调整浪的波浪形式

2. 熊市中驱动浪和调整浪与子浪的关系

在熊市中，如果将驱动浪当作最简单的形式，即一条向下的直线，同理，一个调整浪最简单的形式就是一条向上的直线，如图 2-7 所示。

驱动浪（熊市）　　　　　　　调整浪（熊市）

图 2-7　熊市中最简单的驱动浪和调整浪的波浪形式

同样的，按驱动浪可以分成次一级的五浪形态，调整浪可以分成次一级的三浪形态，可以得到熊市中相对复杂的驱动浪和调整浪的波浪形式，如图 2-8 所示。

驱动浪（熊市）　　　　　　　调整浪（熊市）

图 2-8　熊市中较复杂的驱动浪和调整浪的波浪形式

在了解了牛市和熊市中驱动浪和调整浪与子浪的关系后，下面按波浪上升或下降的运行方向，可以把波浪无限地划分与组合下去，得到如图 2-9 所示的示意图。

下跌	上升	组合形态	数据关系

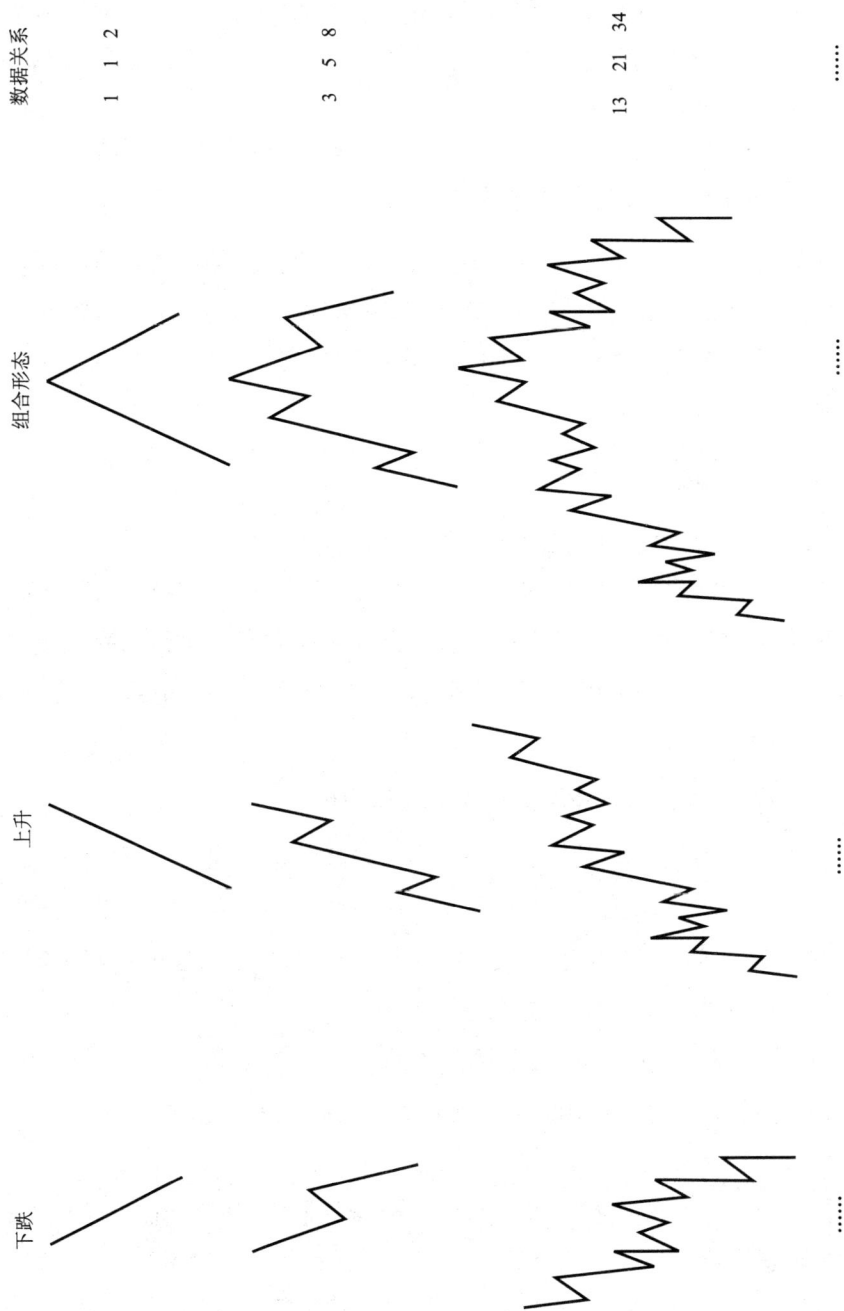

图 2-9　完整波浪形式

从图 2-9 中可以看到，将下降的波浪和上升的波浪合并在一起构成组合形态后，每一个相同等级的波浪中，调整浪、驱动浪和组合形态的波浪数目是和斐波那契数列完全一样的。由此进一步说明了，斐波那契数列是波浪理论的结构基础。

2.2.2　黄金分割率在波浪中的体现

黄金分割率在波浪中的体现主要表现为确定支撑位与压力位、判断行情的强弱及预测目标价格，尤其是黄金分割率中的 0.382 和 0.618 这两个基本值，更是构成了股市中重要的支撑位和压力位。下面具体来阐述黄金分割率在波浪中的具体体现。

1. 确定支撑位与压力位

在波浪理论中，每一波之间的比例，包括波动幅度与时间长度，一般都符合黄金分割的比例。借助这一现象，投资者可以确定出行情走势中的一些重要支撑位和压力位，其具体的确定方法有两种，一种是以高低点作为基数进行预测，另一种是通过黄金分割线进行预测，下面分别对这两种方法进行介绍。

（1）以高低点作为基数预测支撑位和压力位

以高低点作为基数预测支撑位和压力位是指通过找出一段行情的高点和低点，以这些高点或低点作为基数，然后借助黄金分割率就可以得出相应的黄金分割位置。这些位置在股市中通常被视为理论上的重要支撑位或压力位，是投资者需要重点关注的价位。

有关支撑位和压力位的相关计算公式如下：

支撑位价格 = 高点 -（高点 - 低点）× 黄金分割率

压力位价格 = 低点 +（高点 - 低点）× 黄金分割率

下面通过一个具体的实例来计算如何根据黄金分割率来确定支撑位和压力位的理论价格。

实例分析 利用黄金分割率计算理论支撑位和压力位价格

【例 1】

在一段上涨行情中，如果这段行情的低点为 5.00 元，高点为 10.00 元。根据黄金分割率，当股价在 10.00 元见顶后回落，其可能在行情涨幅的 0.382 和 0.618 这两个位置获得支撑止跌，那么其理论支撑位的价格具体是多少呢？

首先，我们需要计算这段行情的涨幅，即高点减去低点：

涨幅 =10.00 − 5.00=5.00（元）

接下来，根据黄金分割率来计算两个理论支撑位的价格：

第一个支撑位（0.382 位置）：

支撑位 1= 高点 − 涨幅 ×0.382

=10.00 − 5.00×0.382

=10.00 − 1.91

=8.09（元）

因此，第一个理论支撑位的价格是 8.09 元。

第二个支撑位（0.618 位置）：

支撑位 2= 高点 − 涨幅 ×0.618

=10.00 − 5.00×0.618

=10.00 − 3.09

=6.91（元）

因此，第二个理论支撑位的价格是 6.91 元。

综上所述，投资者可以在股价回档时，重点关注 8.09 元和 6.91 元这两个价位。股价大概率会在这两个位置获得支撑止跌。

【例 2】

在一段上涨行情中，如果这段行情的低点为 8.00 元，高点为 17.00 元。根据黄金分割率，当股价在 17.00 元见顶后回落，随着股价在某一价位止跌后，这波上涨的涨幅可能在前段行情涨幅的 0.382 和 0.618 这两个位置获得压力再次滞涨，那么其理论压力位的价格具体是多少呢？

同样，首先根据高点减去低点得到前段行情的涨幅：

涨幅 =17.00 － 8.00=9.00（元）

接下来，根据黄金分割率来计算两个理论压力位的价格：

第一个压力位（0.382 位置）：

压力位 1= 低点 + 涨幅 ×0.382

=8.00 + 9.00×0.382

=8.00 + 3.44

=11.44（元）

第二个压力位（0.618 位置）：

压力位 2= 低点 + 涨幅 ×0.618

=8.00 + 9.00×0.618

=8.00 + 5.56

=13.56（元）

综上所述，当股价重拾升势后，投资者可以重点关注 11.44 元和 13.56 元这两个价位。股价大概率会在这两个位置受到阻碍滞涨。

需要说明的是，这里计算的支撑位价格和压力位价格只是提醒投资者，股价大概率会在这些位置遇到支撑或阻力。实际上，股价在运行到这些价位时并不一定会遇到支撑或阻力。

此外，黄金分割率在波浪中的体现，除了这两个基本值在波浪理论中的应用以外，还存在一些与黄金分割率相关的其他的神奇的数字，它们是 0.191、0.236、0.5、0.809、1、1.382、1.5、1.618、2、2.382、2.618……

在以上的神奇数字中，0.236、0.5 和 2.618 也是波浪理论中预测未来的支撑位或压力位及波段高低点的重要比值。

（2）通过黄金分割线预测支撑位和压力位

为了方便投资者在炒股软件中更好地使用黄金分割率来预测波浪的阻力点和支撑点位置，在很多的炒股软件中都提供了黄金分割画线工具。具体方法如下：

已知一段行情的低点和高点，如果按行情从低点到高点的顺序添加黄金分割线，则是基于这段行情寻找压力位；反之，如果按行情从高点到低点的顺序添加黄金分割线，则是基于这段行情寻找支撑位。

下面通过具体的实例来了解这个工具的基本使用。

实例分析 借助黄金分割画线工具预测支撑位和压力位

各炒股软件中的黄金分割画线工具的使用方法都差不多，这里以通达信行情软件为例讲解画线工具的应用。

在行情软件中找到要绘制黄金分割线的股票，比如国华网安（000004）如这里打开 K 线图，并将分析区调整到 2022 年 9 月至 2023 年 7 月这个时间区间，在这一时间区间有一个完整的五浪上涨模型，如图 2-10 所示。

图 2-10　国华网安 2022 年 9 月至 2023 年 7 月的 K 线走势

下面以浪 1 这波上涨行情为基础，借助黄金分割线寻找该股后市可能存在的支撑位和压力位。

首先来寻找浪 1 阶段见顶回落开启浪 2 后，浪 2 可能的支撑位。

在界面上方单击"画线"按钮打开画线工具箱（也可以直接按【Alt+F12】组合键快速打开或关闭画线工具箱），在其中选择"黄金分割"画线工具选项，如图 2-11 所示。

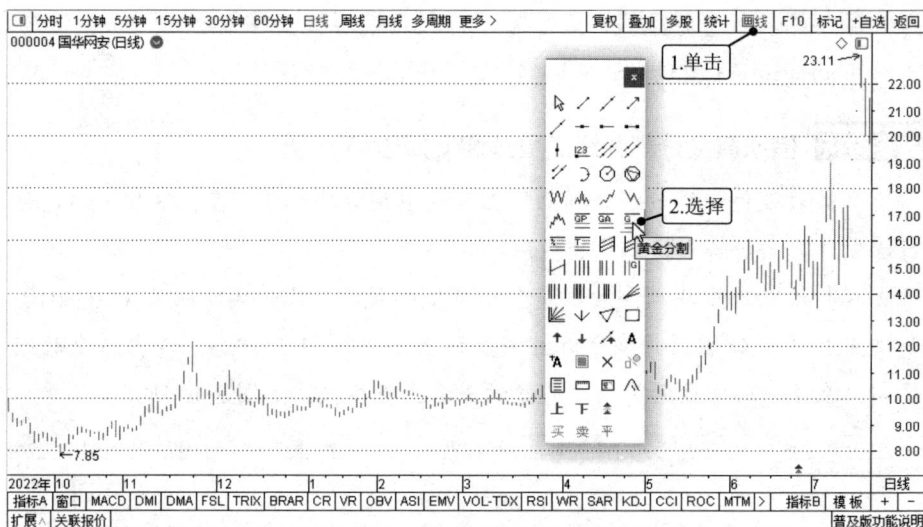

图 2-11　选择"黄金分割"画线工具选项

　　此时鼠标光标变为笔形，将其移动到浪 1 的终点位置，即 2022 年 11 月 23 日的 K 线上，确定黄金分割线的第一个定位点，如图 2-12 所示。

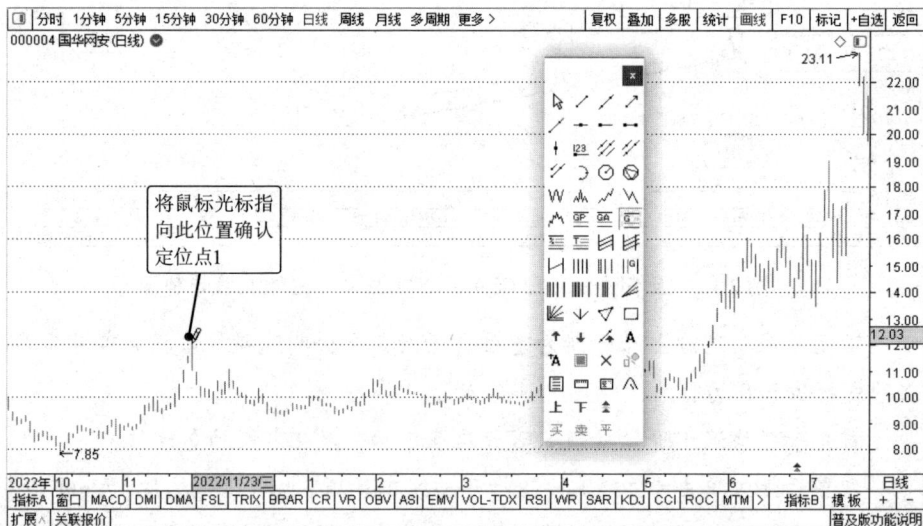

图 2-12　确定黄金分割线的第一个定位点

　　按住鼠标左键不放，拖动鼠标光标到浪 1 的起点位置，即 2022 年 10 月 11 日的 K 线上，如图 2-13 所示。释放鼠标光标完成黄金分割线的绘制。

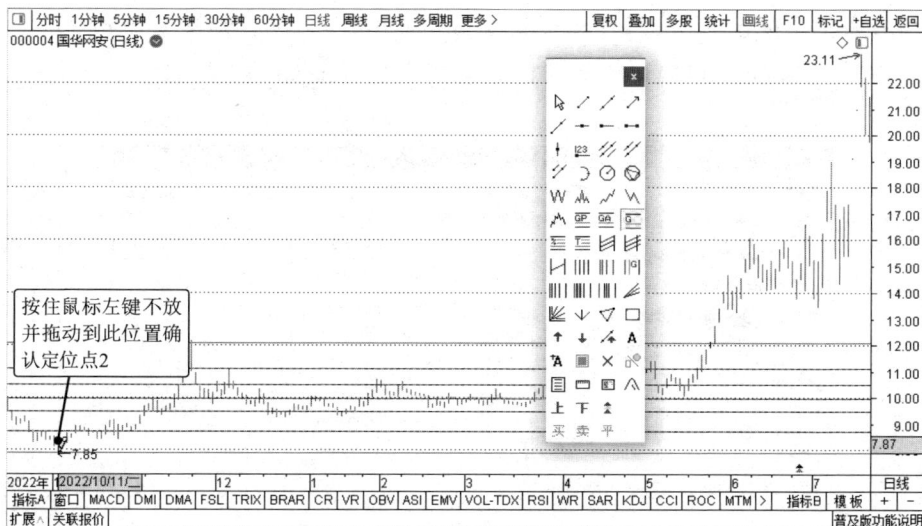

图 2-13 确定黄金分割线的第二个定位点并完成黄金分割线的绘制

手动定位只能定位到某根 K 线，对于 K 线中的具体分析值就定位不准确，此时就需要对画线进行编辑，选择定位点 1 或定位点 2，比如这里选择定位点 1，右击，选择"编辑画线"命令，如图 2-14 所示。

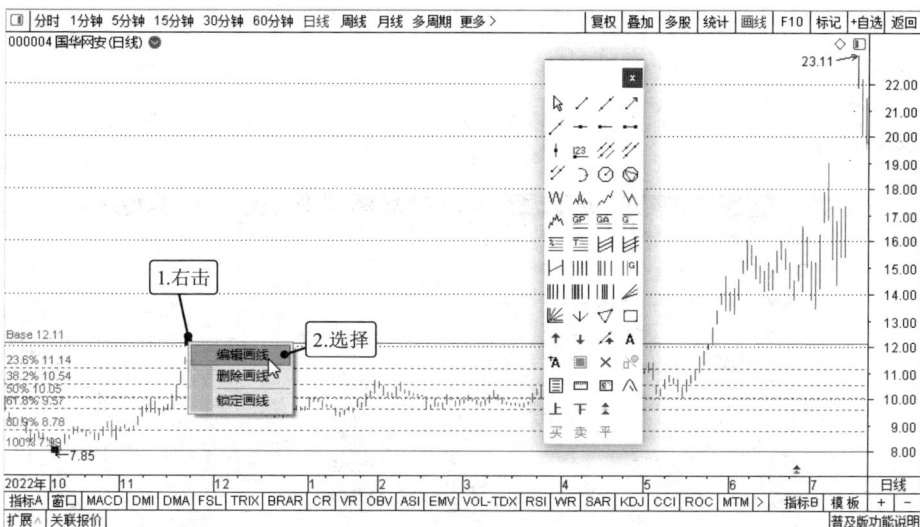

图 2-14 执行"编辑画线"命令

在打开的"画线属性（纵坐标数值为分析图定位值）"对话框，在对话框右侧即可查看到两个定位点对应的定位值和定位时间，如图 2-15 所示。

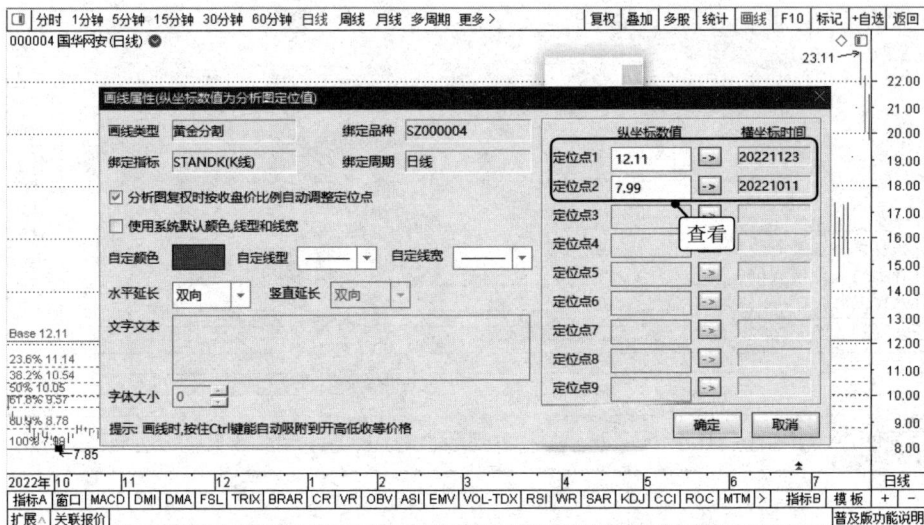

图 2-15　查阅定位点的定位值和定位时间

每个定位点的具体定位值是可以调整的，投资者可以直接在对应的文本框中重新输入值，也可以通过设置定位到当日的指定价格。比如单击"定位点 1"文本框右侧对应的展开按钮，选择"移动至最高价"选项，如图 2-16 所示。

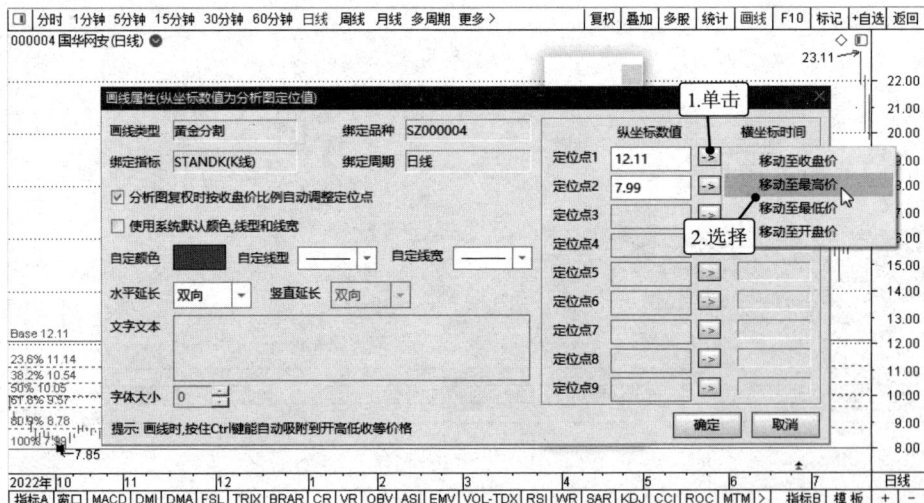

图 2-16　重设定位点 1 的纵坐标数值

单击"定位点2"文本框右侧对应的展开按钮,选择"移动至最低价"选项,如图 2-17 所示。

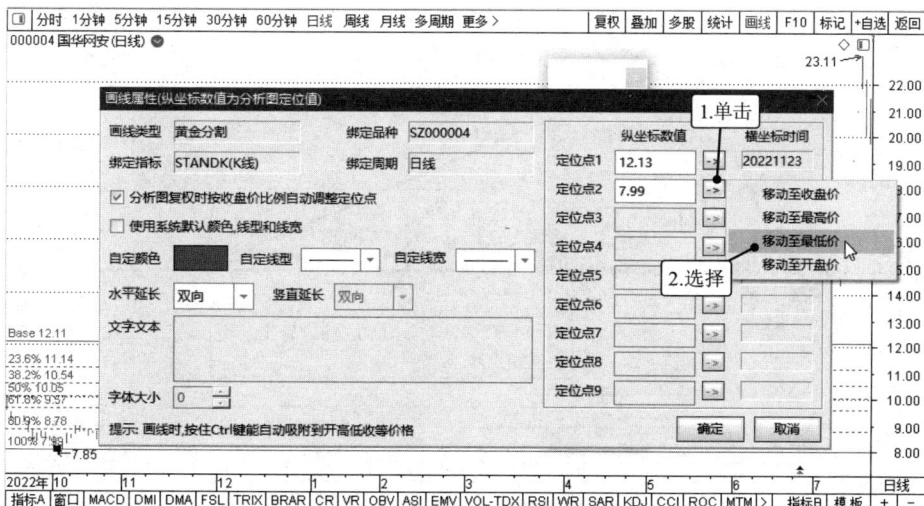

图 2-17 重设定位点 2 的纵坐标数值

设置完成后即可查看到程序自动将定位点 1 定位到 2022 年 11 月 23 日的最高价,将定位点 2 定位到 2022 年 10 月 11 日的最低价,单击"确定"按钮确认设置并关闭对话框,如图 2-18 所示。

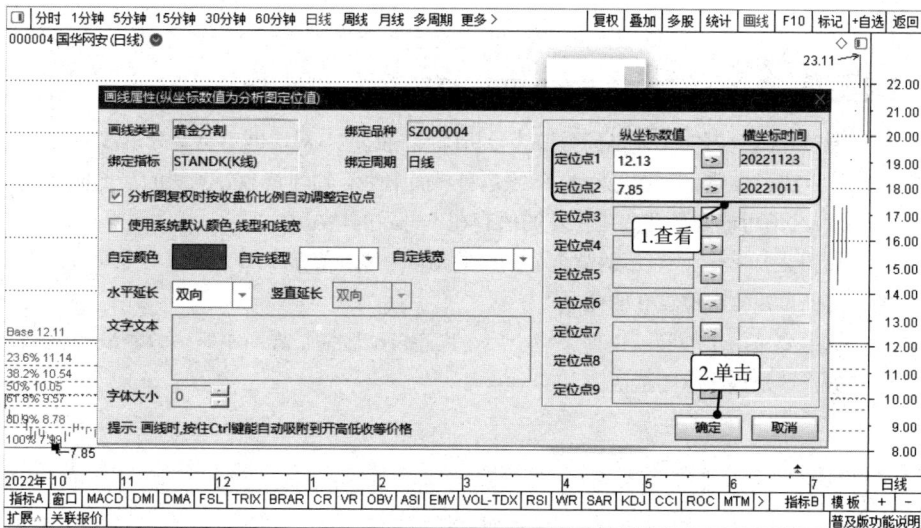

图 2-18 确认编辑画线

在返回的 K 线图中即可查看到添加的黄金分割线，如图 2-19 所示。

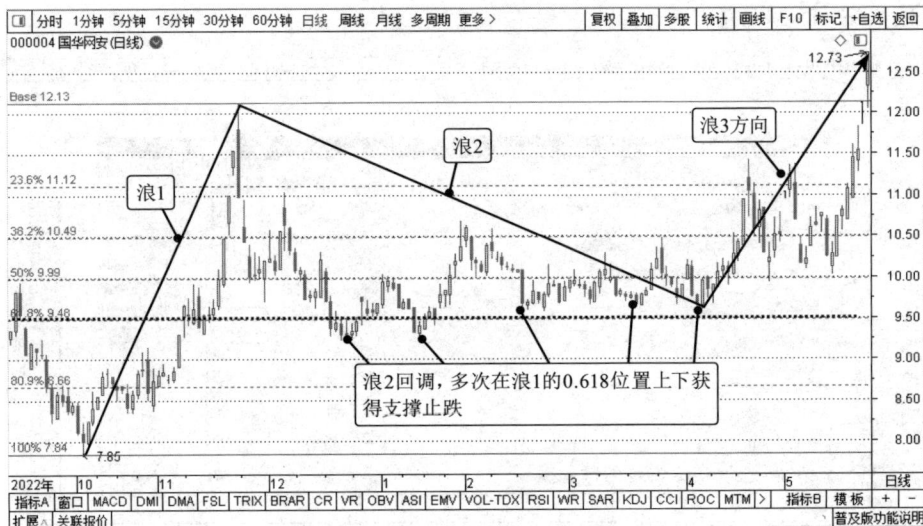

图 2-19　查看添加的黄金分割线

从图 2-19 中可以看到，浪 2 经历了一波较长时间的回调，但是整个回调过程中，多次在浪 1 的 0.618 位置处获得强有力的支撑止跌，即支撑位的价格为 9.48 元（这里以"支撑位价格 = 高点 −（高点 − 低点）× 黄金分割率"公式也可以计算得到支撑位价格约为：12.13 −（12.13 − 7.85）×0.618=9.48（元）。

拓展知识 黄金分割线定位点的设置值与显示值不一样的说明

通过"画线属性（纵坐标数值为分析图定位值）"对话框对黄金分割线的两个定位点进行设置后，在返回的 K 线走势界面中查看到的黄金分割线的最低值和 100% 线的值可能与设置的定位点的值存在不一致的情况。

如图 2-19 所示，显示的黄金分割线的 100% 线的值是 7.84，而事实上通过属性对话框设置的定位点 2 的值是 7.85。

这主要是由于炒股软件窗口缩小后，程序自动压缩了界面中黄金分割线的显示数据，这是程序原因造成的。

以上是借助黄金分割线寻找支撑位的操作，如果要结合黄金分割线寻找压力位，直接进行反向定位点确定操作即可。比如，这里在浪 1 起点确定定位点 1，在浪 1 结束位置确定定位点 2，如图 2-20 所示。

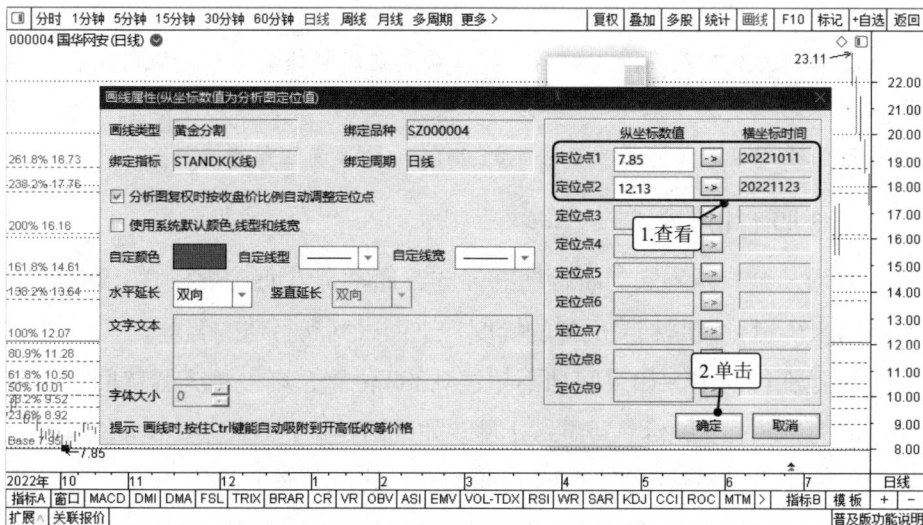

图 2-20　精确设置定位点 1 和定位点 2

单击"确定"按钮后，在返回的界面中即可查看到基于浪 1 的起点到终点顺序添加的黄金分割线，如图 2-21 所示。

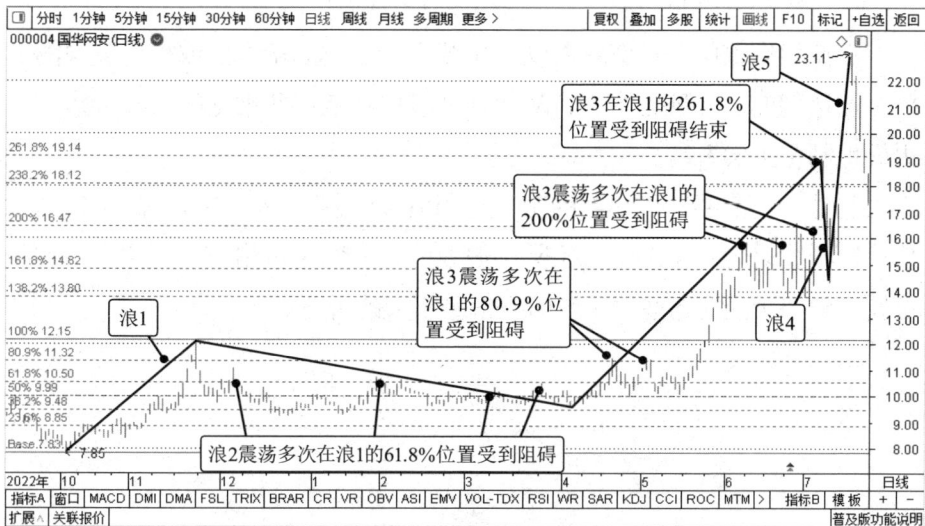

图 2-21　基于浪 1 借助黄金分割线分析上涨的压力位

从图 2-21 中添加的黄金分割线中可以查看到：

①浪 2 在震荡回调过程中，多次震荡高点都在浪 1 的 61.8% 位置受到阻碍滞涨。

②浪 3 上涨初期在浪 1 的 80.9% 位置受到阻碍横盘整理一段时间，之后又在上涨高位多次于浪 1 的 200% 位置受到阻碍滞涨，经历了长达一个多月的横盘整理走势。最终浪 3 在浪 1 的 261.8% 位置受阻结束浪 3。

2. 判断行情的强弱

利用黄金分割率来判断行情的强弱，通常是借助 0.382、0.618 这两个基本值来衡量行情回档或反弹的幅度，进而来判断行情的强弱。

在上涨行情中，如果回档不超过 0.382 位置，则被称为强势回档，表明市场力量较强，股价有望继续上涨。如果回档达到或超过 0.618 位置时，则可能表明市场趋势已经转弱，股价有可能进入下跌趋势。

相反，在下跌行情中，如果反弹不超过 0.382 位置，则被称为弱势反弹，可能意味着市场仍然疲弱。如果反弹超过 0.618 位置，则可能意味着市场趋势正在转强。

3. 预测目标价格

在波浪理论中，投资者可以利用黄金分割率的基本值或相关值预测价格可能达到的目标理论水平，从而帮助投资者在这些理论的目标价格附近更好地制定买卖策略。

另外，还需要特别说明的是，利用黄金分割率找到的波浪的目标结束价格同样也是理论上的值，实际中波浪的目标结束价格不一定完全与这些位置一致，可能在这些理论值附近偏差不大的位置。

第 3 章

八浪结构涨跌幅特点与浪长预测

上一章对波浪理论中的数学基本关系及这些数学内容在波浪中的体现进行了介绍，其中最重要的应用之一就是通过这些数学内容对八浪结构中各浪的涨跌幅进行预测。本章就来具体介绍八浪结构中各浪的涨跌幅特点及相关的涨跌幅浪长预测，从而巩固投资者对波浪理论数学关系在实战中的应用方法，指导投资者更好地制定买卖策略。

3.1　上升五浪涨跌幅特点与浪长预测

波浪理论的基本循环是八浪结构，其中上升五浪是投资者最容易操作的一段趋势，在这段趋势中，如果能够对各浪的涨跌幅进行一个预测，那么就可以更好地指导投资者在低位买进，在高位卖出，在确保安全的前提下扩大投资收益。

下面就来具体介绍在上升五浪中各浪的涨跌幅特点及相关的浪长预测方法。

3.1.1　筑底浪 1 的涨幅特点及预测

浪 1 作为启动浪，通常标志着新一轮上涨周期的开始。但是在实际投资中，大多数投资者并不会快速分辨出上涨行情已经开始，这主要是因为浪 1 处于下跌尾部，之后行情是否转入上涨，这是任何投资者都不能准确预测的。

那么筑底浪 1 有什么特点呢？投资者如何借助黄金分割率来预测其涨幅高度呢？下面来具体介绍。

1. 浪 1 的涨幅特点

一般来说，在行情下跌的尾部是可以分析出一些常见筑底形态的，投资者可以通过这些筑底形态来辨别浪 1 启动，比如双重底形态或三重底形态的右底往往就是浪 1。

浪 1 作为上涨行情的开端，其涨幅主要具有幅度相对较小、技术性较强及不确定性较高这三个主要特点，其相关内容介绍如下：

①幅度相对较小。浪 1 作为上涨周期的初步阶段，其涨幅往往相对较小。这是因为市场在这个阶段还处于犹豫和试探阶段，投资者对趋势的反转尚未完全确认，因此交易量可能不大，涨幅也相对有限。

②技术性较强。浪 1 的涨幅更多地受到技术面的影响，比如成交量的变化、市场广泛性的提升及技术指标的背离等。这些技术信号往往先于价格走势出现，为投资者提供了重要的参考。

③不确定性较高。由于浪1处于上涨周期的初期，市场趋势尚未完全明朗，因此，其涨幅具有较高的不确定性。投资者在这个阶段需要保持谨慎态度，密切关注市场动态和技术指标的变化。

2. 浪1的涨幅预测

从浪1的涨幅特点可以看到，其涨幅难以精确量化，投资者在实战过程中分析浪1可能结束的位置时，一定要保持谨慎态度。

如果要利用黄金分割率来预测浪1的涨幅，可以将前一波下跌行情作为基准参照物。

假设将前一波下跌幅度设置为100%，那么，从理论上来说，依据前一波下跌行情的低点和高点添加黄金分割线后，浪1大概率会在38.2%、61.8%这些黄金分割位止涨，结束浪1上涨，其示意图如图3-1所示。

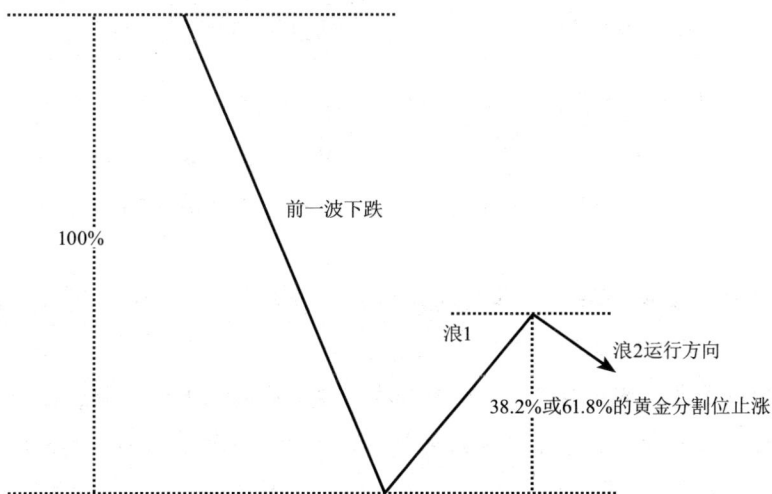

图3-1　浪1涨幅预测示意图

这里需要特别说明的是，在运用黄金分割线来预测浪1涨幅时，浪1要紧接着前一波下跌走势开启，若在前一波下跌之后，行情在底部出现长期横盘走势，就意味着大量的筹码在长期的横盘走势中已经出局，此时再使用黄金分割线来预测浪1的涨幅，准确性较低。

下面来看一个具体的实例。

实例分析 深纺织 A（000045）借助黄金分割线预测浪 1 涨幅

图 3-2 为深纺织 A 2021 年 3 月至 2022 年 5 月的 K 线走势。

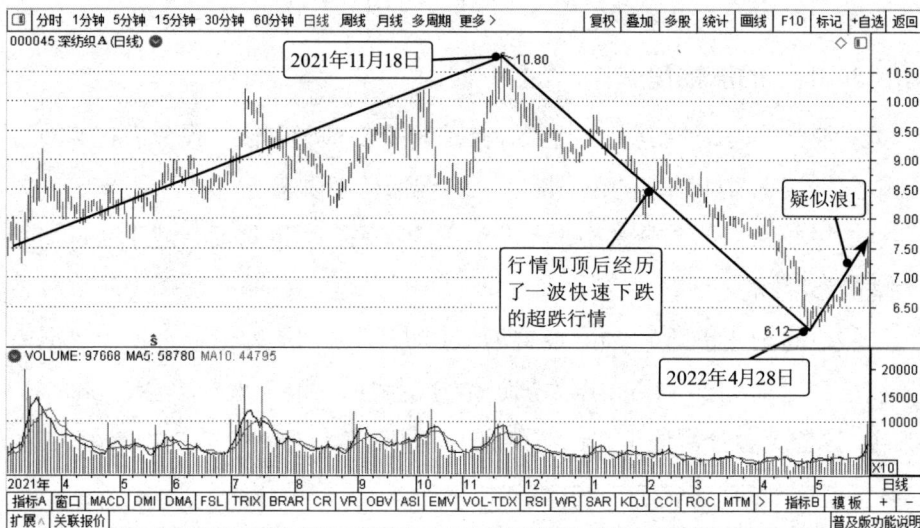

图 3-2　深纺织 A 2021 年 3 月至 2022 年 5 月的 K 线走势

从图 3-2 中可以看到，在 2021 年 11 月中旬之前，该股呈现出一路震荡上涨的走势，最终在 11 月 18 日创出 10.80 元的最高价后见顶回落步入下跌走势之中。

从这波下跌走势来看，其跌速比较快，最终在 2022 年 4 月 28 日创出6.12 元的低价后见底回升。

尽管投资者尚不能确定当前回升的走势是行情超跌后的反弹，还是行情反转步入上升行情，但也可以用黄金分割线来对下一波上涨的涨幅高度进行预测。

下面来添加黄金分割线。

在炒股软件中打开画线工具，选择"黄金分割"工具后直接以 2022 年4 月 28 日创出的 6.12 元作为黄金分割线的第一个定位点，以 2021 年 11 月18 日创出的 10.80 元作为黄金分割线的第二个定位点为前一波下跌趋势添加对应的黄金分割线。

图 3-3 为根据前一波下跌行情的低点和高点添加的黄金分割线效果。

图 3-3　深纺织 A　2021 年 11 月至 2022 年 8 月的 K 线走势

在 K 线图中添加均线指标，从图 3-3 中的均线走势来看，股价在创出 6.12 元的低价后短期均线拐头向上，中长期均线也走缓，最终在 6 月初彻底运行到走平的中长期均线上方，说明行情大概率是步入上涨行情中了。

依据黄金分割率，那么浪 1 大概率会在前一波下跌行情的 38.2% 至 61.8% 这个区间范围结束。因此，投资者可以重点关注前一波下跌行情的 38.2% 和 61.8% 的位置。

2022 年 6 月 22 日，该股从涨停板收出一根大阳线后次日出现明显的走弱形态，而 6 月 22 日收出的涨停大阳线已经越过前一波下跌的 38.2% 的位置，因此，浪 1 大概率可能结束，浪 2 即将开启。

由于此时正处于上涨行情的初期阶段，对于浪 2 的回调幅度和持续时间都不能准确预测。因此，对于稳健型投资者来说，此时最好清仓出局，规避后面可能出现的长时间大幅回调，以锁定前期收益；而对于激进型的投资者来说，此时也可以适当减仓，如果浪 2 回调持续时间较长或是幅度较大，这类投资者可以将资金用于其他优质股进行投资，以提高资金利用率，待到浪 2 回调结束后再加仓买入。

拓展知识 浪1涨幅预测的其他方法及其说明

浪1的涨幅预测在股票市场中是一个相对复杂的问题。投资者可以从历史数据、技术分析、基本面分析等方面入手进行分析预测浪1可能的结束位置。

①基于历史数据的统计。通过统计历史上类似市场环境下浪1的涨幅数据，可以得出一个大致的涨幅范围。然而，需要注意的是，不同市场环境下浪1的涨幅可能存在较大差异，因此，这种方法只能作为参考。

②技术分析。利用技术分析工具（比如均线、成交量等）对浪1的走势进行分析和预测。这些工具可帮助投资者识别市场趋势、判断买卖点及预测未来的涨幅。

③基本面分析。虽然浪1的涨幅更多地受到技术面的影响，但基本面因素（比如经济环境、政策变化、公司业绩等）也可能对浪1的走势产生一定影响。因此，投资者在进行浪1涨幅预测时，也需要关注基本面的变化情况。

需要特别强调的是，由于市场环境的不断变化和不确定性因素的影响，浪1的涨幅预测可能存在一定误差。因此，投资者在实际操作中应根据自身情况和风险偏好作出合理的投资决策。

3.1.2 调整浪2的跌幅特点及预测

浪2的回调主要是对浪1上涨的一个修复，但是面对此时的下跌，尤其是在浪1涨幅不大的情况下，部分投资者容易猜测此时仍然处于下跌行情中。

那么，到底是行情仍然处于下跌之中，还是处于上涨行情中的浪2正常回调阶段呢？此时，对浪2回调的跌幅特点和位置判断就显得尤为关键了，下面分别介绍。

1. 浪2的跌幅特点

浪2的跌幅特点主要表现在下跌幅度相对有限、不创新低、成交量萎缩和波动性减小等方面，具体如下：

①下跌幅度相对有限。浪2作为五浪上升模型中的第一个调整浪，其下跌幅度通常不会很大。从历史经验来看，浪2在多数情况下会以横向整理的矩形形态出现，这种形态的跌幅整体都不是很大，此外，浪2也可能

形成双重底或头肩底等经典的反转形态。这些形态的出现往往预示着市场情绪的转变和浪 3 的即将开始。

②不创新低。浪 2 的价格通常不会创出新低，即不会低于浪 1 的起点。这是判断浪 2 结束并进入浪 3 的重要标准之一。

③成交量萎缩。浪 2 在整个下跌期间，成交量通常会呈现出逐渐萎缩的形态，反映了市场抛盘压力的逐渐衰竭。这是市场从上涨趋势向调整趋势转变的重要信号，也是主力清洗浮筹的重要表现，其目的是减轻后市浪 3 拉升的压力。

④波动性变小。随着成交量的萎缩，浪 2 期间的股价波动性也会逐渐变小。这有助于投资者更好地识别市场趋势的转变和浪 2 的结束。

2. 浪 2 的跌幅预测

从理论上来讲，浪 2 回调的一般位置有以下三个：

（1）浪 2 回调至浪 1 的 38.2% 或 61.8%

如果将浪 1 的上涨幅度看作基准参照物，假设为 100%，则根据黄金分割率可以得出浪 2 回调的结束位置是到浪 1 的 38.2% 和 61.8% 这两个位置。通常，在这两个位置处，市场的人气往往会得到重新提振，股价通常会止跌企稳，行情会重新进入下一阶段的上升趋势中。

图 3-4 为浪 2 回调至浪 1 的 38.2% 或 61.8% 的示意图。

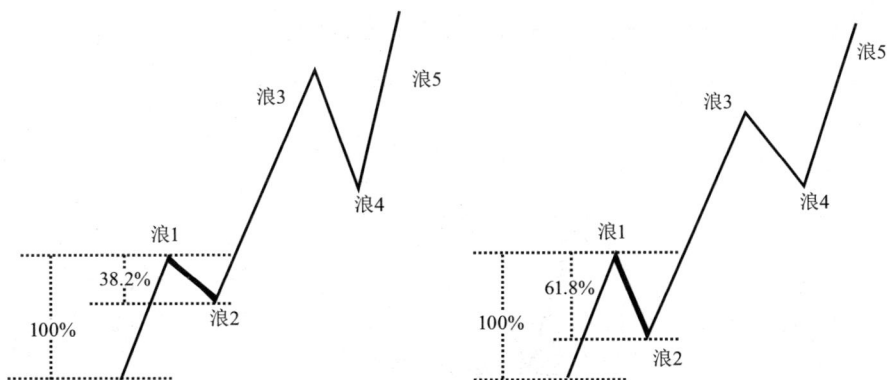

图 3-4　浪 2 回调至浪 1 的 38.2% 或 61.8% 的示意图

（2）浪 2 可能回调到浪 1 内的小浪 4 处

如果主力在前期没有收集到足够的筹码，在浪 1 阶段是不会出现立即拉升走势的，此时浪 1 大概率会出现延长走势，即浪 1 又分成五个次一级的波浪。

在这种情况下，浪 2 通常会调整到延长浪 1 中的小浪 4 的位置就止跌结束调整，其示意图如图 3-5 所示。

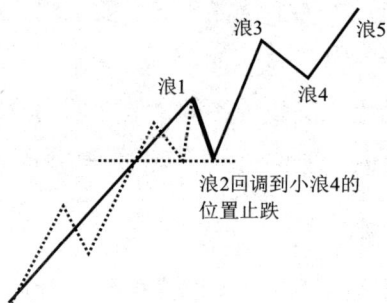

图 3-5　浪 2 回调到浪 1 内的小浪 4 处的示意图

（3）浪 2 回调到接近浪 1 底部的位置

如果浪 2 回调至浪 1 接近底部的位置，说明此时的浪 2 就是一次相对深幅的调整。比如，在底部反转形态中的双重底形态中，当左底冲高回落时，浪 2 的深幅下跌就构成了双重底的右底。但是无论怎么回调，浪 2 通常不会跌破浪 1 的底部。

图 3-6 为浪 2 回调接近浪 1 底部位置的示意图。

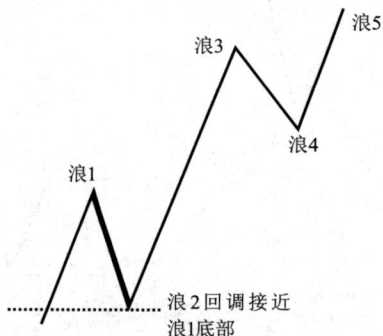

图 3-6　浪 2 回调接近浪 1 底部位置的示意图

下面通过一个实例来了解浪 2 跌幅预测的应用。

实例分析 深康佳 A（000016）浪 2 回调结束位置的预测

图 3-7 为深康佳 A 2018 年 10 月至 2019 年 5 月的 K 线走势。

图 3-7　深康佳 A 2018 年 10 月至 2019 年 5 月的 K 线走势

从图 3-7 中可以看到，该股在经过一波快速下跌后将股价打到下跌的低价位区，最终于 10 月 19 日创出 3.09 元的最低价后企稳回升。随后经历了一波清晰的五浪上涨行情，在这波上涨的推动下，该股最终在 2019 年 3 月 21 日创出 6.31 元的最高价后见顶回落步入下跌。

下面放大浪 1 和浪 2 的行情来进行分析。

图 3-8 为深康佳 A 2018 年 10 月至 2019 年 1 月的 K 线走势。

从图 3-8 中可以看到，浪 1 从 2018 年 10 月 19 日的 3.09 元开始启动，随着成交量的间歇性放大，股价也被逐步推高。但是在 11 月中下旬，该股在穿过 4.00 元价位线后出现滞涨，成交量急速降低，上涨无量支撑，预示着一波阶段顶部的到来。最终，股价在 11 月 19 日创出 4.17 元的阶段高价后边开始回落调整，浪 2 开启。

在浪 2 回调中，成交量整体呈现出减小形态，这是市场从上涨趋势向调整趋势转变的重要信号，也是主力清洗浮筹的重要表现。

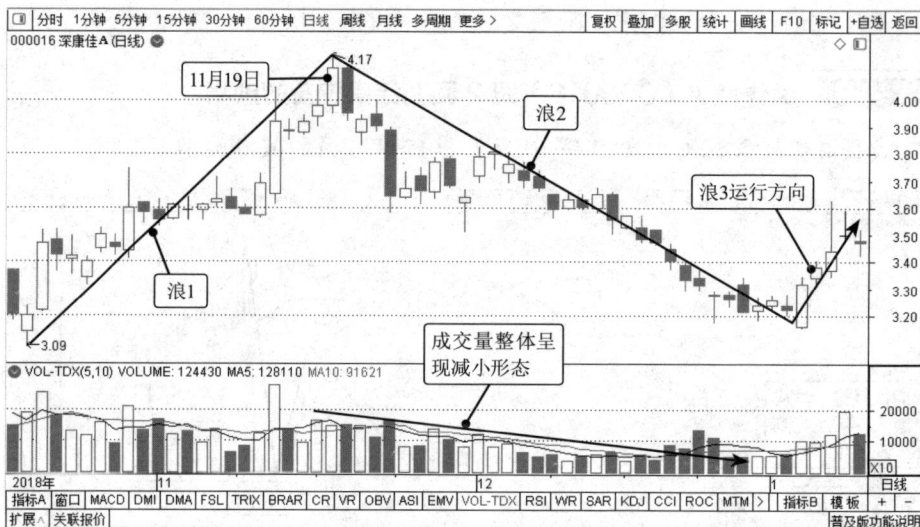

图 3-8　深康佳 A 2018 年 10 月至 2019 年 1 月的 K 线走势

随着股价不断创出新低，我们如何来判断其回调结束呢？

在这里，可以先根据波浪理论中浪 2 回调的一般位置计算出浪 2 结束的理论价位，具体计算过程如下：

①计算浪 1 的长度

以 10 月 19 日的 3.09 元为浪 1 起点，以 11 月 19 日的 4.17 元为浪 1 终点，根据"浪 1 的长度 = 浪 1 终点 - 浪 1 起点"这个公式计算出浪 1 的长度，相关计算如下：

浪 1 的长度 =4.17 - 3.09=1.08（元）

②计算浪 1 的 38.2% 和 61.8% 幅度的价位

根据"浪 1 的 X%= 浪 1 的长度 × 黄金分割率"公式计算浪 1 的 38.2% 和 61.8% 幅度的价位，相关计算如下：

浪 1 的 38.2%= 浪 1 的长度 ×38.2%=1.08×38.2%=0.41（元）

浪 1 的 61.8%= 浪 1 的长度 ×61.8%=1.08×61.8%=0.67（元）

③计算浪 2 回调结束的理论价格

理论上，浪 2 的回调结束位置的价格可能是以下几个：

根据"浪 1 的终点 - 浪 1 的 38.2%"和"浪 1 的终点 - 浪 1 的 61.8%"的公式我们可以分别计算浪 2 回调到浪 1 的 38.2% 的位置和回调到浪 1 的

61.8% 的位置的价格，相关计算如下：

浪 2 回调到浪 1 的 38.2% 的位置 =4.17 － 0.41=3.76（元）

浪 2 回调到浪 1 的 61.8% 的位置 =4.17 － 0.67=3.50（元）

由此可知，如果浪 2 回调到接近浪 1 起点的位置，则浪 2 结束的价位应该在 3.09 元至 3.50 元。

结合以上几个理论值，下面来具体分析浪 2 的结束。为了便于查看，这里加入黄金分割线，如图 3-9 所示。

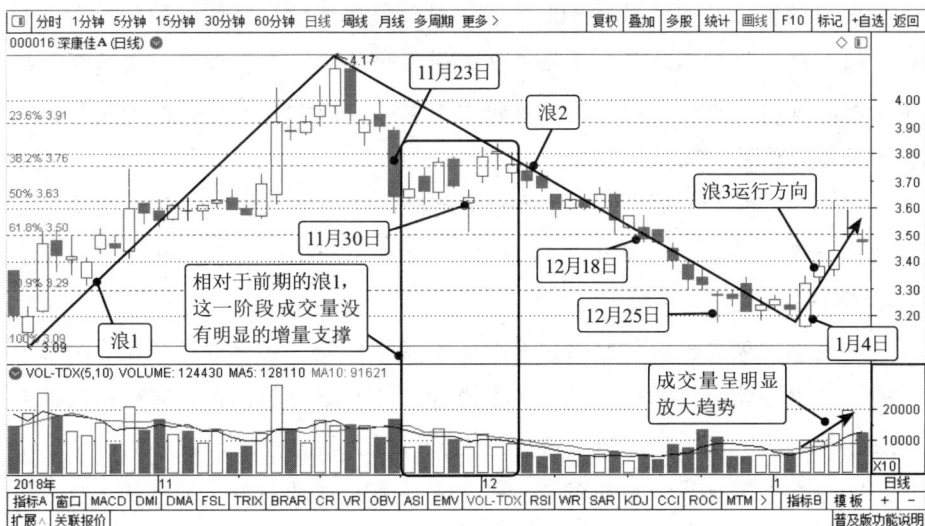

图 3-9　加入黄金分割线

从图 3-9 中可以看到，在 11 月 23 日，该股收出一根跌幅为 6.67% 的大阴线，直接跌破浪 2 回调到浪 1 的 38.2% 的位置，即 3.76 元价位线。之后股价企稳，且整体有向上运行的趋势。

此时是否就说明浪 2 的回调就结束了呢？答案是否定的，投资者此时还要继续观察该股之后的回升是否能够支撑浪 3 启动，如果市场中没有支撑股价继续上涨的条件，那么这波上涨是持续不了多久的，也就说明浪 2 回调没有结束。

事实上，从之后股价向上运行的趋势来看，涨势并不是那么的一帆风顺，因为在 11 月 30 日当天，该股有过一波较大的下挫走势。

另外，整个矩形框住区域的回升阶段的成交量变化不大，且相对于前期浪 1 阶段来说，也没有明显的增量支撑，因此这波上涨最终在 3.80 元价位线附近滞涨后便再次回落，说明浪 2 在回调到浪 1 的 38.2% 的位置并没有获得支撑止跌，因此，预估浪 2 回调将继续。

随后股价继续缓慢下跌，并在 12 月 18 日下跌到浪 1 的 61.8% 的位置，即 3.50 元价位线。但是之后该股连续收出多根阴线压低股价，使其有效跌破了 3.50 元价位线，说明浪 2 在回调到浪 1 的 61.8% 的位置处仍然没有获得支撑止跌。

由于浪 1 的起点位置是 3.09 元，此时股价在连续多根阴线的作用下已经距离浪 1 起点位置不远了。根据浪 2 回调不会跌破浪 1 底部这一波浪理论铁律规定，可以预测浪 2 会经历一波较大幅度的下跌，且浪 2 大概率会在接近浪 1 底部的位置止跌。

12 月 25 日，该股大幅低开后一路走低，很快便创出当日的最低价，之后股价一路震荡上扬，当日以 1.21% 的跌幅收出一根带长下影线的阴线跌破 3.20 元价位线。

在大幅回调之后，该股收出带长下影线的阴线，意味着在经过长时间的下跌和空方力量的充分释放后，多方力量开始逐渐增强，股价有望在此位置形成支撑止跌。之后股价始终在 3.20 元价位线上横盘整理。

2019 年 1 月 4 日，该股低开后一路震荡高走，并在当日尾盘放出巨量将该股拉升创出当日最高价，最终该股当日以 3.11% 的涨幅收出一根中阳线，股价有明显的企稳回升走势，之后股价连续收阳拉高，且成交量也呈现明显的放大趋势。

综合判断，浪 2 最终在接近浪 1 底部位置完成回调，此时股价企稳回升就标志着浪 3 启动了，投资者也可以根据自己的操作策略进行买入或加仓操作了。

3.1.3 暴走浪 3 的涨幅特点及预测

在上升五浪中，第三浪力量最强，也是最具爆炸性的一个波浪。那么，这一浪涨幅的具体特点是什么呢？其理论的浪长又是多少呢？下面就来分别介绍。

1. 浪 3 的涨幅特点

浪 3 的涨幅特点主要表现在长度最长、涨幅显著、成交量急剧放大、市场突破性强及结束时的成交量萎缩等方面，下面分别对这几个方面进行具体介绍。

①长度最长。在上升五浪中，一般情况下，浪 3 都是推动浪中最长的一个波浪。这意味着在上升趋势中，浪 3 的持续时间或空间幅度往往超过浪 1 和浪 5，成为上升趋势中的主要推动力。

②涨幅显著。浪 3 的涨幅通常较高，能够带动市场进入一个新的高度。这种高度的提升不仅体现在价格上，也体现在市场情绪的高涨和投资者信心的增强上。

③成交量急剧放大。浪 3 阶段成交量急剧放大，反映出的是市场交投活跃。这种活跃的交投氛围为价格的持续上涨提供了充足的流动性。因此，成交量增加是浪 3 上涨趋势得以持续的重要支撑。

④市场突破性强。市场突破性强是指在浪 3 阶段比较容易出现以跳空缺口的形式向上突破前期高点的涨势，这种涨势显示出该股此刻强烈的突破向上动力。它不仅能够增强市场的看涨氛围，还可以吸引更多的投资者入场。

⑤结束时的成交量萎缩。浪 3 的结束往往伴随着成交量的萎缩。当市场交投不再活跃，投资者开始谨慎观望时，浪 3 的上涨趋势可能会逐渐减弱并最终结束。

2. 浪 3 的涨幅预测

既然浪 3 这么具有诱惑力，那究竟浪 3 有多长呢？从理论上来讲，浪 3 上涨结束的位置一般有以下三个：

①浪 3 是浪 1 的 161.8%。

②浪 3 是浪 1 的 261.8%。

③浪 3 是浪 1 的 423.6%

图 3-10 为浪 3 相对于浪 1 而言的浪长示意图。

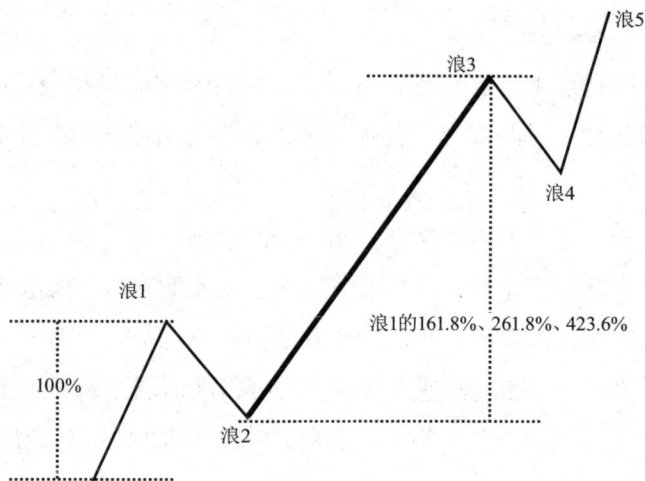

图 3-10　浪 3 相对于浪 1 而言的浪长示意图

从图 3-10 中可以看到，浪 3 是真正的牛市，如果投资者刚好抓住了这一浪，那么就可以获得不错的收益。

需要说明的是，浪 3 作为上升五浪中最具爆炸力的波浪，其上升幅度事前并无限制，除了是浪 1 的 161.8%、261.8%、423.6% 以外，还可以是其他数字的倍数。尤其是发生延长的浪 3，其上涨幅度更大。

下面来看一个根据浪 3 理论浪长预测浪 3 结束位置的案例。

实例分析 深物业 A（000011）浪 3 发生延长后结束位置的预测

图 3-11 为深物业 A 2020 年 1 月至 9 月的 K 线走势。

从图 3-11 中可以看到，该股在 2020 年 2 月 4 日创出 7.15 元的最低价后止跌回升逐步步入上涨，开启浪 1 上涨行情，浪 1 在 4 月 22 日上涨创出 9.45 元的阶段高价后阶段见顶，之后进入浪 2 回调。

浪 2 回调幅度不大，在经历了一个多月的调整，最终在 5 月下旬于 8.00 元价位线上方获得支撑结束调整。

5 月 26 日，该股以 7.88% 的涨幅收出大阳线拉高股价，使得行情呈现明显的止跌回升趋势，说明浪 3 开启了。

从整个浪 3 来看，持续的时间不是特别长，但是却在次一级的上升五浪推动下出现了大幅的拉升，从 5 月 26 日的最低价 8.35 元开始上涨，最高上涨到 7 月 22 日的 28.37 元，上涨了 20.02 元，涨幅接近 240%。

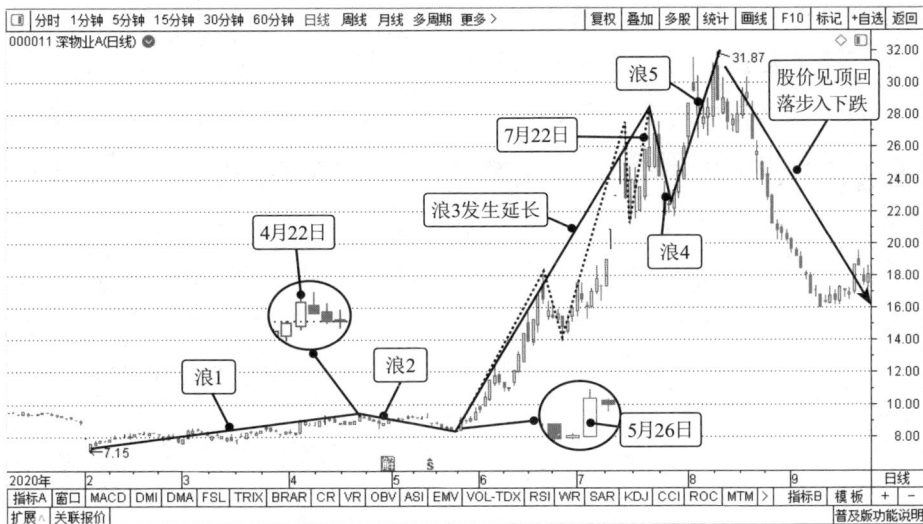

图 3-11　深物业 A 2020 年 1 月至 9 月的 K 线走势

下面以浪 1 的长度作为参考来计算一下浪 3 的理论浪长。

以 2 月 4 日的 7.15 元为浪 1 起点，4 月 22 日的 9.45 元为浪 1 终点计算出浪 1 的长度及浪 1 的 161.8%、261.8% 和 423.6% 的幅度，具体如下：

①浪 1 的长度 =9.45－7.15=2.30（元）

②浪 1 的 161.8%= 浪 1 的长度 ×161.8%=2.30×161.8%=3.72（元）

③浪 1 的 261.8%= 浪 1 的长度 ×261.8%=2.30×261.8%=6.02（元）

④浪 1 的 423.6%= 浪 1 的长度 ×423.6%=2.30×423.6%=9.74（元）

从理论上来说，从浪 2 的终点开始，上涨 3.72 元、6.02 元或 9.74 元后，浪 3 可能结束。那么，根据"浪 2 的终点 + 浪 1 的 X%"这个公式即可计算出浪 3 上涨顶部结束位置的价格，可能的结束价格具体结算过程如下。

①浪 3 上涨到浪 1 的 161.8% 的位置的价格 = 浪 2 的终点 + 浪 1 的 161.8%=8.35+3.72=12.07（元）

②浪 3 上涨到浪 1 的 261.8% 的位置的价格 = 浪 2 的终点 + 浪 1 的 261.8%=8.35+6.02=14.37（元）

③浪 3 上涨到浪 1 的 423.6% 的位置的价格 = 浪 2 的终点 + 浪 1 的 423.6%=8.35+9.74=18.09（元）。

因此，投资者要重点关注 12.07 元、14.37 元和 18.09 元这几个价格，因为浪 3 大概率会在这几个价格结束。

下面放大浪 1、浪 2 和浪 3 来进行具体分析。

图 3-12 为深物业 A 2020 年 1 月至 6 月的 K 线走势。

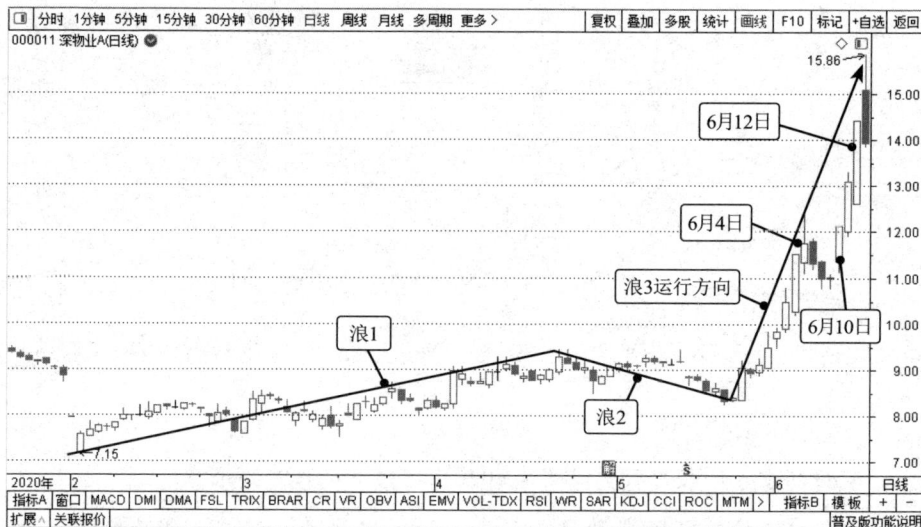

图 3-12 深物业 A 2020 年 1 月至 6 月的 K 线走势

从图 3-12 中可以看到，通过加入黄金分割线后，可以非常清楚地查看到浪 3 开启后，在经过短短几个交易日的拉升，股价便在 6 月 4 日突破 12.00 元价位线，创出 12.44 元的阶段高价。

虽然股价之后开始回落，但是在短暂休整两三个交易日后，该股便在 6 月 10 日跳空高开，当日以涨停板收盘拉出一根大阳线继续推动股价继续强势上涨。这说明浪 3 没有结束，浪 3 涨势如此强劲，预示着浪 3 大概率会走出延长浪。

下面放大浪 3 的走势来继续分析，如图 3-13 所示。

从图 3-13 中可以看到，浪 3 发生延长后由次一级的上升五浪推动股价走出了一波大幅上涨行情（图中的虚线走势），直接将浪 3 从 5 月 26 日的 8.35 元推高到 7 月 22 日的 28.37 元。

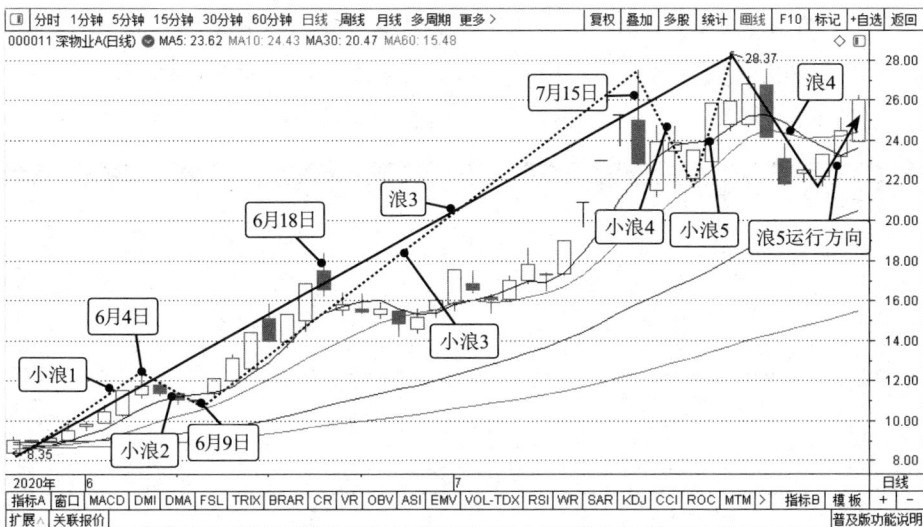

图 3-13　深物业 A 2020 年 5 月至 7 月的 K 线走势

在这个次一级的五浪模型中，5 月 26 日的最低价 8.35 元为小浪 1 的起点，6 月 4 日的最高价 12.44 元为小浪 1 的终点，6 月 9 日的最低价 10.75 元为小浪 2 的终点。

根据"小浪 3 理论结束价格＝浪 2 终点＋（小浪 1 终点－小浪 1 起点）×黄金分割率"可以得出小浪 3 的理论结束价格有如下几个。

①小浪 3 理论结束价格 1=10.75+（12.44－8.35）×161.8%=17.37（元）

②小浪 3 理论结束价格 2=10.75+（12.44－8.35）×261.8%=21.46（元）

③小浪 3 理论结束价格 3=10.75+（12.44－8.35）×423.6%=28.08（元）

从实际走势来看，该股在 6 月 18 日越过 18.00 元价位线，当日以 18.34 元的价格收出最高价后出现了小幅回调，最终以阴线报收。

从小浪 3 理论结束价格来说，这里已经超过了理论结束价格 17.37 元，有接近 1.00 元的价差，虽然股价有所回落，但是很快便在 10 日均线处获得支撑止跌继续上涨，如此涨势，也大概率说明了小浪 3 会继续走高，投资者可以继续持股。

之后股价一路震荡上涨，并在 7 月中旬连续收出 T 字涨停线和一字涨停线后直接将股价推高突破 25.00 元价位线。

从小浪 3 的理论结束价格来看，此时股价已经超过了小浪 3 理论结束价格 2 了，即 21.46 元，因此，股价大概率会冲击小浪 3 理论结束价格 3。因此，投资者需要重点关注之后该股的走势，因为小浪 3 随时会迎来结束。

图 3-14 为深物业 A 2020 年 7 月 15 日的分时走势。

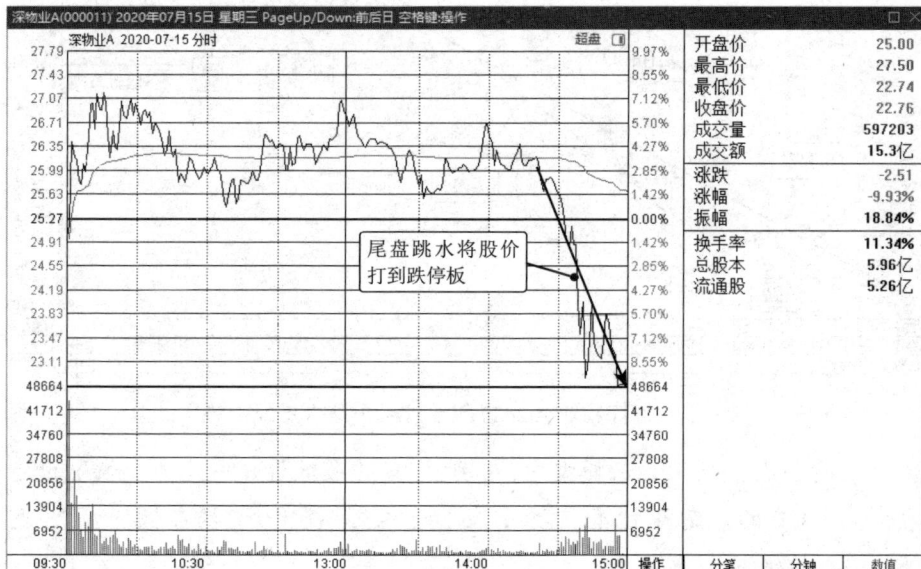

图 3-14　深物业 A 2020 年 7 月 15 日的分时走势

从图 3-14 中可以看到，7 月 15 日，该股低开后冲高，很快便创出当日最高价 27.50 元，之后股价震荡低走，并在尾盘出现跳水下跌的走势，直接将股价打到跌停板上，当日以跌停板收出带长上影线的阴线。

在接近小浪 3 理论结束价格的上涨高位出现长上影线，表明在股价上涨过程中遇到了强大的抛压，这些抛压可能来自于获利盘的抛售、主力资金的出货或是市场情绪的转变。

跌停大阴线则进一步确认了这种抛压的强烈和市场的恐慌情绪。这就意味着原本推动股价上涨的多头力量开始衰竭，无法继续支撑股价的上涨，小浪 3 大概率会在这里结束，投资者可以根据自己的操作策略进行减仓或轻仓操作。

从这个案例可以看出，无论浪 3 是否发生延长，通过将浪 1 的涨幅作为基准参照，都能便捷地对浪 3 的结束位置进行预测，从而更好地为投资者的买卖策略提供可靠的数据支撑依据。

但是需要特别说明的是，由于浪 3 是整个上升五浪中最具爆发力的一浪，其上涨中可能夹杂着若干的延长浪，所谓"涨不测顶，跌不测低"，当投资者分析出行情处于浪 3 后，不要刻板地测量浪 3 的顶部，应该综合其他技术进行分析。

比如本例中结合均线技术来预判股价的涨势强度，从而判断可能出现的延长浪，然后再次对延长浪中的小浪 3 的可能节数位置进行预测，从而尽可能地在安全的位置以最大的收益卖出。

3.1.4　回调浪 4 的跌幅特点及预测

浪 4 出现在大幅上涨的浪 3 之后，它不仅是对浪 3 大幅上涨后的修正和巩固，也是浪 5 蓄积力量的过程。因此，投资者应密切关注浪 4 的调整情况，以便更好地把握市场趋势和投资机会。

下面具体来看回调浪 4 的跌幅特点及跌幅预测。

1. 浪 4 的跌幅特点

前面我们介绍过，浪 4 在下跌时，其下跌幅度与浪 2 会形成交替，如果前期浪 2 下跌的幅度比较小，则浪 4 可能走出大幅的下跌，比如以锯齿形展开深度调整。

除此之外，浪 4 的跌幅还具有多空势力交织、形态多样及调整时间较长等特点，具体介绍如下：

①多空势力交织。在浪 4 的调整过程中，多空双方的力量交织在一起。一方面，经过浪 3 的暴涨后，市场中获利丰厚的投资者或主力机构开始派发筹码，以兑现利润；另一方面，前期踏空的投资者则继续吸货，看好后市。这种多空交织的情况使得市场行情变得复杂多变，给投资者一种多变难测的感觉。

②形态多样。也正是因为这一回落阶段中多空双方力量交织在一起，使得股价会出现相对复杂的走势，比如以三角形、平台形调整形态展开。

③调整时间长。浪4阶段是投资者在浪3获利后的重要出场位置，因此，其调整时间通常都比较长。对于要介入追涨浪5的投资者，此时需要保持耐心，等待市场调整结束后再寻找新的入场机会，这样更安全。

2. 浪4的跌幅预测

从理论上来讲，浪4回调的一般位置有以下三种情况：

（1）浪4回调到浪3的38.2%处或50%处

将浪3的上涨幅度看作基准参照物，假设为100%，那么，根据黄金分割比例，浪4在回调到浪3的38.2%位置处就会结束。

需要特别说明的是，如果浪4回调幅度跌破了38.2%的位置，则股价可能在试探50%的支撑位，即股价回调到浪3的50%处。

浪4回调至浪3的38.2%处或50%处的示意图如图3-15所示。

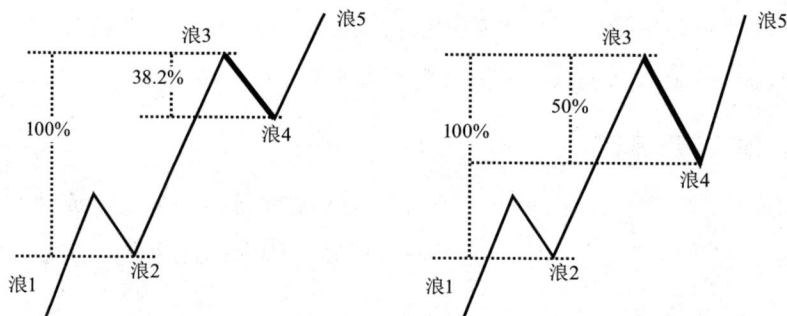

图 3-15　浪 4 回调至浪 3 的 38.2% 处或 50% 处的示意图

由于浪4和浪2一样，都是上升五浪中的调整浪，其结束位置的价格计算方法是一样的。即浪4的回调结束位置的价格计算公式如下：

浪4的回调结束位置的价格 = 浪3的终点 − 浪3的X%

比如，浪4回调到浪3的38.2%位置的价格计算方法是：

浪3的终点 − 浪3的38.2%= 浪3的终点 − 浪3的长度 ×38.2%

（2）浪4回调的幅度可能与浪2相同

对于浪4回调的幅度与浪2相同则表达的是市场心理因素的预期，它的形成是当股价回调至与浪2相同的幅度后，由于市场心理因素的作用，市场看好股价在此企稳，并在这种心理作用的驱使下，大幅买入股票，推高股价，促使浪 4 回调结束。

浪 4 回调幅度可能与浪 2 相同的示意图如图 3-16 所示。

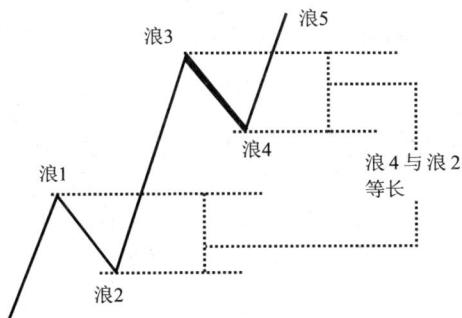

图 3-16　浪 4 回调幅度可能与浪 2 相同的示意图

（3）浪 4 回调到浪 3 的小浪 4 处

如果浪 3 发生延长，浪 4 回调到小浪 4 的位置止跌，主要是此时的浪 4 底部与前期的小浪 4 的底部形成了一个小的双重底止跌形态，其示意图如图 3-17 所示。

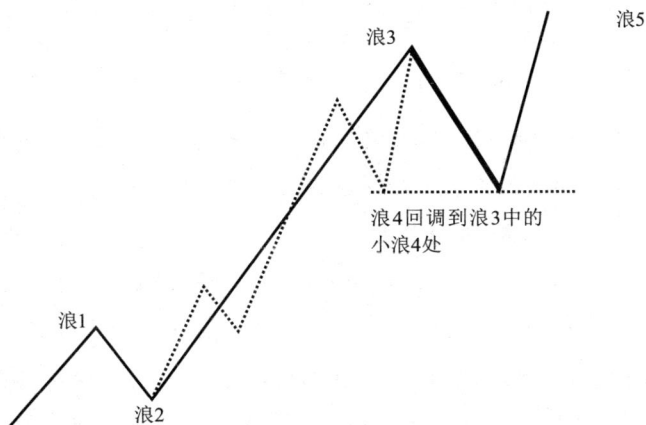

图 3-17　浪 4 回调到浪 3 的小浪 4 处示意图

比如，在图 3-13 中，浪 4 就是在延长浪 3 的次一级小浪 4 的位置附近止跌的。

另外，还需要特别说明的是，无论浪 4 回调的形态有多复杂，回调时间有多长，回调幅度有多大，其回调低点不能低于浪 1 顶部这个铁律规定是不能破的。

下面来看一个具体的实例。

实例分析 京基智农（000048）浪 4 回调结束位置的预测

图 3-18 为京基智农 2021 年 12 月至 2022 年 3 月的 K 线走势。

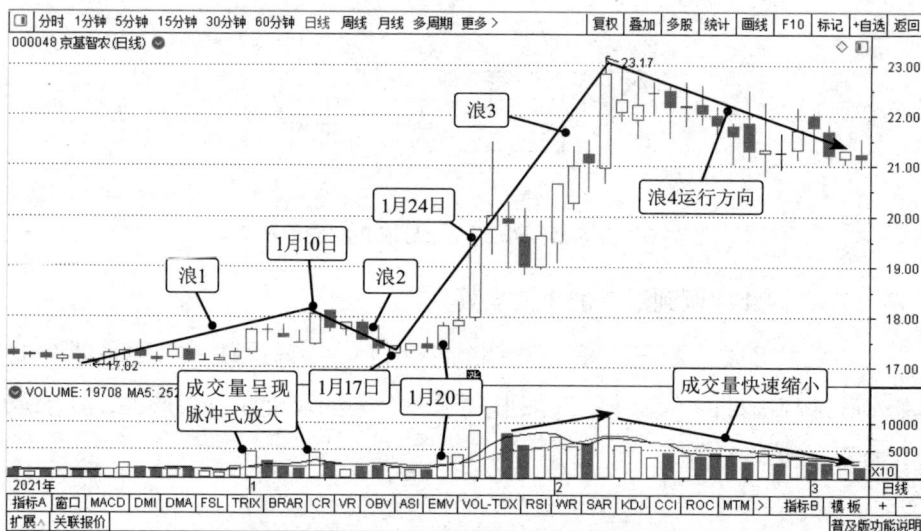

图 3-18　京基智农 2021 年 12 月至 2022 年 3 月的 K 线走势

从图 3-18 中可以看到，该股前期在低位长时间横盘运行，最终在 12 月中旬创出 17.02 元的最低价后开始企稳回升，开启浪 1。

在整个浪 1 上涨初期，成交量变化不大，股价涨幅不明显。进入 2022 年 1 月后，成交量呈现脉冲式放大形式，逐步推动浪 1 震荡上涨。最终在 1 月 10 日触及 18.00 元价位线，当日创出 18.25 元的最高价后阶段见顶。

之后股价反转向下进入到浪 2 的回调整理阶段。整个浪 2 回调期间成交量不断缩小，这是主力清理浮筹所致，而且整个浪 2 回调幅度不大，持续的时间也不长。最终于 1 月下旬在 17.50 元价位线上方获得支撑后结束下跌。并在 1 月 17 日创出 17.20 元的最低价后企稳，之后股价回升开启浪 3。

1 月 20 日，该股当日开盘后在成交量的放量推动下不断走高，当日放量收出一根中阳线，浪 3 出现明显拉升走势。之后更是连续收阳量推动股价持续上涨。

1 月 24 日，该股放出巨大量能收出涨停大阳线直接突破浪 1 顶部运行到 20.00 元价位线下方，整个上升五浪的前三浪已经十分清晰。虽然之后股价有冲高回落的走势，但是很快便在 19.00 元价位线企稳。并在成交量不断放量的推动作用下重拾升势。最终该股在 2 月 10 日创出 23.17 元的阶段高价后结束浪 3。

虽然浪 3 持续的时间不长，还不到一个月，但是从 1 月 20 日的最低价 17.29 元，上涨到 2 月 10 日的最高价 23.17 元，涨幅约为 34%，因此也算是比较强势的上涨了。正是因为浪 3 的快速上涨，使得浪 4 也出现了迅速回调的走势。

那么，浪 4 回调结束位置大概在哪里呢?

从图 3-18 中可以看到，浪 3 并没有发生延长，因此这里可以以"浪 4 回调的幅度可能与浪 2 相同"和"浪 4 回调至浪 3 的 38.2% 处"这两个位置来计算浪 4 回调的理论价位。

首先分别计算出两个理论的参考数据，即浪 2 的长度和浪 3 的 38.2%。

①浪 2 的长度

浪 2 的起点为 2021 年 1 月 10 日的最高价 18.25 元，浪 2 终点为 2021 年 1 月 17 日的最低价 17.20 元，根据"浪 2 的长度 = 浪 2 的起点 - 浪 2 的终点"这个公式，可以得到浪 2 的长度，相关计算如下:

浪 2 的长度 =18.25 - 17.20=1.05（元）

②浪 3 的 38.2%

浪 3 的起点即浪 2 的终点，为 2021 年 1 月 17 日的最低价 17.20 元，浪 3 的终点为 2 月 10 日的最高价 23.17 元，根据"浪 3 的 38.2%=（浪 3 的终点 - 浪 3 的起点）×38.2%"这个公式，可以得到浪 3 的 38.2%，相关计算如下:

浪 3 的 38.2%=（23.17 - 17.20）×38.2%=5.97×38.2%=2.28（元）

理论上，浪 4 的回调结束位置的价格可能是以下几个:

①回调位置与浪 2 的回调幅度相等，即 = 浪 3 的终点 - 浪 2 的长度 = 23.17 - 1.05=22.12（元）

②回调到浪 3 的 38.2% 的位置 = 浪 3 的终点 - 浪 3 的 38.2%=23.17 -

2.28=20.89（元）

因此，投资者可以重点关注股价回落到 22.12 元和 20.89 元这两个价格附近，因为这两个位置是浪 4 回调结束的理论值。

下面放大后面的走势来对浪 4 进行具体分析。

图 3-19 为京基智农 2022 年 1 月至 4 月的 K 线走势。

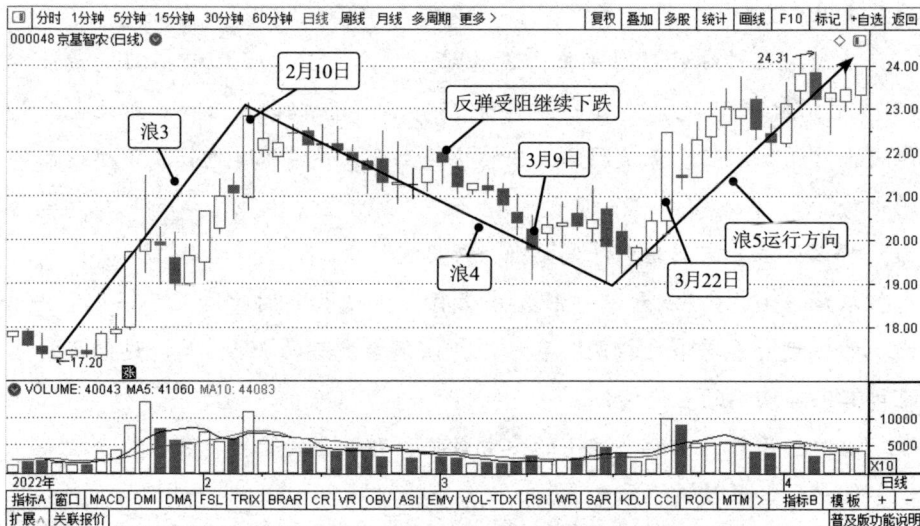

图 3-19　京基智农 2022 年 1 月至 4 月的 K 线走势

从图 3-19 中可以看到，浪 3 于 2 月 10 日创出 23.17 元的最高价后，短暂在 22 元价位线横盘几日后便连续收阴跌破该价位线，因此，股价在回调至与浪 2 相同幅度的位置结束浪 4 的可能性不大。

之后该股虽然在 21.00 元价位线企稳，但是短暂反弹后再次于 22.00 元价位线受阻回落，并跌破 21.00 元价位线继续下跌。这更进一步说明股价在回调至与浪 2 相同幅度的位置结束浪 4 的可能性不大。因此，投资者可以预测浪 4 回调大概率会在浪 3 的 38.2% 处结束，因此，投资者可以密切关注股价回调至 20.89 元附近的走势。

3 月 9 日，该股在 20.00 元价位线收阴，且当日最低价触及 19.00 元，之后该股连续多日在 20.00 元价位线横盘，结合前期预测的浪 4 回调结束的理论价格为 20.89 元，而此时股价在 20.00 元价位线止跌横盘，投资者可大胆预测浪 4 即将回调结束。但是为了谨慎操作，此时不要急于买进。

之后股价在 3 月中下旬连续收阳，并在 3 月 22 日放量收出涨停大阳线拉升股价直接突破 22.00 元价位线，涨势明显，因此，可以分析出此时行情已经开启浪 5，想要追涨的投资者此时可以择机买进，虽然成本会拉高一些，但是安全性很高。

3.1.5　上涨尾声浪 5 的涨幅特点及预测

在上升五浪中，浪 5 是上升中的最后一浪，浪 5 结束后就标志着行情步入下跌，因此，投资者有必要对浪 5 的涨幅特点及涨幅预测方法进行掌握，以便更好地制定投资策略，从而在下跌来临之前安全离场。

下面就来具体了解浪 5 的涨幅特点及其理论浪长的预测方法。

1. 浪 5 的涨幅特点

浪 5 的涨幅特点主要表现在技术特征明显、涨幅力度大小不一等方面，具体介绍如下：

①技术特征明显。在浪 5 阶段，各种炒股技术的特征非常明显，比如在浪 5 上涨前期常伴随均线的黄金交叉，而在浪 5 上涨末期均线就会形成死亡交叉发出卖出信号。另外，浪 5 阶段的成交量在不同阶段也会出现显著的变化，比如在浪 5 启动阶段，往往伴随着成交量的有效放大，显示出市场资金的积极参与；而到了后期，股价与成交量可能会出现背离走势，则说明浪 5 即将结束，行情即将见顶。

②涨幅力度大小不一。浪 5 的涨幅可能出现大小不一的情况，如果浪 5 阶段的成交量不能持续推动股价上涨，那么其结束位置可能不及浪 3 顶部。相反，如果在浪 5 阶段，有成交量持续推动股价上涨，那么浪 5 的涨幅还是值得期待的，甚至会发生延长，走出一波暴涨行情。

2. 浪 5 的涨幅预测

对于浪 5 涨幅的预测，可以根据浪 1 的涨幅来预测，也可以根据浪 1 和浪 3 的涨幅来预测。下面具体讲解理论上浪 5 的涨幅值。

（1）根据浪 1 的涨幅预测浪 5 涨幅

如果将浪 1 的上涨幅度看作基准参照物，假设为 100%，那么，浪 5 的涨幅可以是浪 1 涨幅的 61.8%，其示意图如图 3-20 所示。

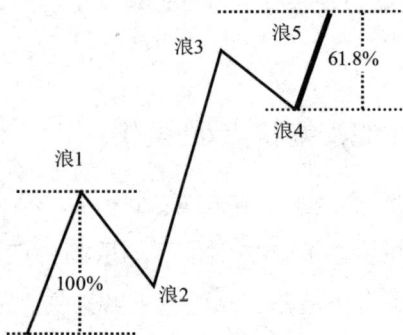

图 3-20　浪 5 涨幅为浪 1 涨幅的 61.8% 的示意图

如果浪 3 发生了延长，则浪 5 极有可能与浪 1 的长度一样，其示意图如图 3-21 所示。

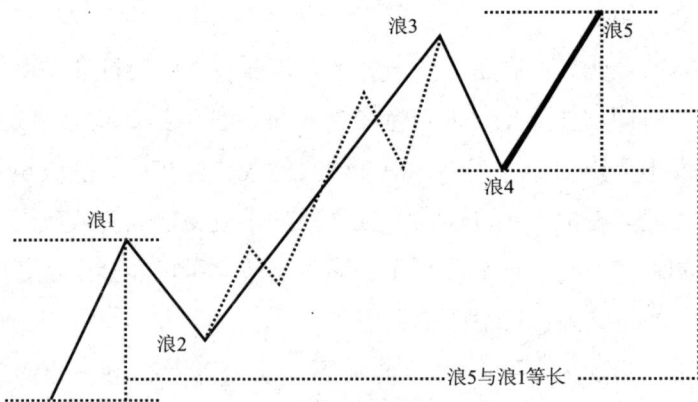

图 3-21　浪 5 涨幅与浪 1 涨幅等长的示意图

（2）根据浪 1 和浪 3 的涨幅预测浪 5 涨幅

如果将浪 1 和浪 3 的总长，即浪 1 起点到浪 3 终点的上涨幅度看作基准参照物，假设为 100%，那么，浪 5 的涨幅可以为浪 1 和浪 3 总涨幅的 61.8%，其示意图如图 3-22 所示。（如果浪 1 和浪 3 的长度比较接近，则浪 5 的涨幅还可能是浪 1 和浪 3 的总长）

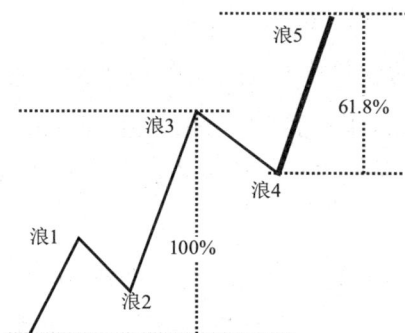

图 3-22　浪 5 涨幅为浪 1 和浪 3 总涨幅的 61.8% 的示意图

如果浪 5 发生延长上升，此时浪 5 的涨幅会达到浪 1 底部至浪 3 顶部的长度的 161.8%，甚至更长，其示意图如图 3-23 所示。

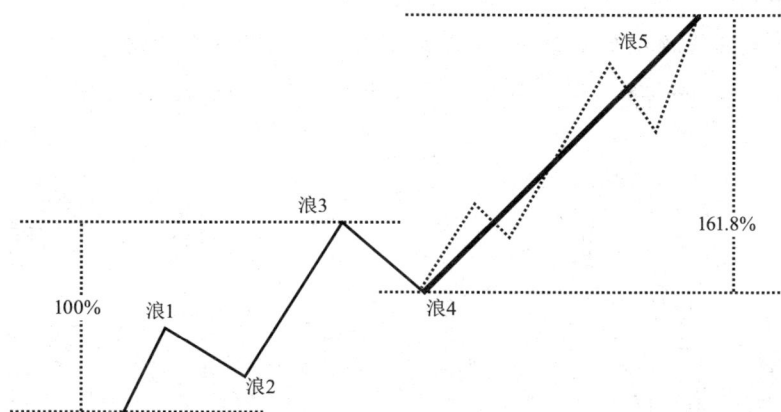

图 3-23　浪 5 涨幅为浪 1 和浪 3 总涨幅的 161.8% 的示意图

由于浪 5 和浪 3 一样，都是上升五浪中的推动浪，其结束位置的价格计算方法也是一样的。

首先根据浪 1 的涨幅计算浪 5 上涨结束位置的价格，其计算公式如下：

浪 5 上涨结束位置的价格 = 浪 4 的终点 + 浪 1 的 X%

比如，浪 5 上涨到浪 1 的 61.8% 位置的价格计算方法是：

浪 4 的终点 + 浪 1 的 61.8%= 浪 4 的终点 + 浪 1 的长度 ×61.8%

其次根据浪 1 和浪 3 的涨幅计算浪 5 上涨结束位置的价格，其计算公式如下：

浪 5 上涨结束位置的价格 = 浪 4 的终点 + 浪 1 底部至浪 3 顶部的 X%

比如，浪 5 上涨到浪 1 和浪 3 总涨幅的 161.8% 位置的价格计算方法是：

浪 4 的终点 + 浪 1 底部至浪 3 顶部的 161.8%= 浪 4 的终点 +（浪 3 顶部 - 浪 1 底部）×161.8%

需要特别说明的是，这里介绍的浪 5 涨幅预测的方法只适用于大多数的情况，如果浪 5 出现疯狂暴涨行情，或者浪 5 上涨不及浪 3 顶部，这些情况下使用这两种方法预测浪 5 涨幅，都是不准确的。

下面来看一个具体的实例。

实例分析 渝开发（000514）浪 5 上涨结束位置的预测

图 3-24 为渝开发 2021 年 11 月至 2022 年 4 月的 K 线走势。

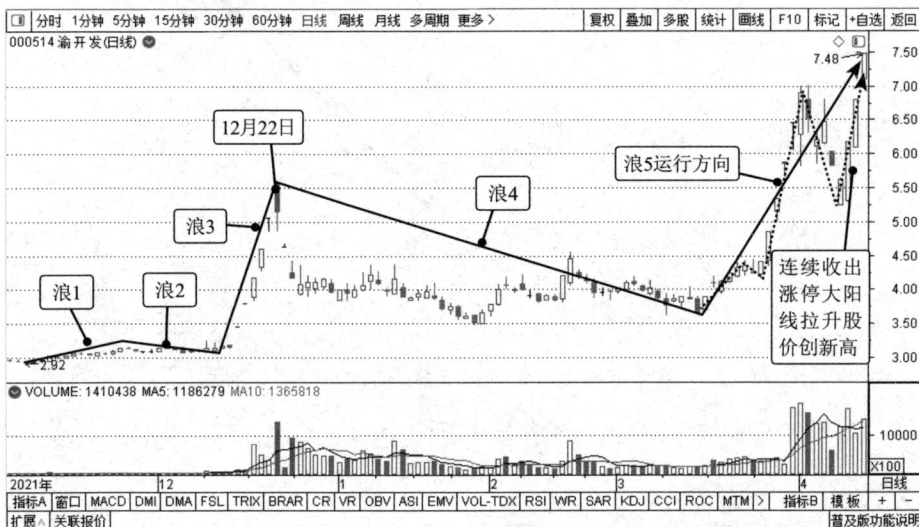

图 3-24　渝开发 2021 年 11 月至 2022 年 4 月的 K 线走势

从图 3-24 中可以看到，该股在 2021 年 11 月 8 日创出 2.92 元的最低价后企稳回升步入震荡上涨行情中，浪 1 开启。

整个浪 1 的涨势比较温和，呈现震荡缓慢上涨走势，在 11 月下旬创出阶段高价后回落开启浪 2。

整个浪 2 持续的时间不长，跌幅不大，最终在 12 月中旬的浪 1 低点上方回调结束。

随后连续收出一字涨停拉高股价开启浪 3，之后该股继续放量收出涨停大阳线推动股价继续拉高走出一波暴涨行情。短短几个交易日，浪 3 上涨突破了 5.50 元价位线，并在 12 月 22 日创出 5.57 元的阶段高价后见顶结束浪 3 的上涨。

根据交替规律，这里的浪 4 回落在时间和形态上相比于浪 2 来说都要复杂得多。整个浪 4 回调持续了近四个月的时间，最终在 3 月下旬于 3.60 元价位线附近止跌。在浪 4 快速结束后，浪 5 就开启了。

从浪 5 的走势来看，在 4 月放量拉升股价突破浪 3 顶部后出现了一波快速回落走势，但是很快便在浪 3 顶部附近，即 5.50 元价位线附近止跌，之后更是连续收出涨停大阳线拉高股价突破 7.00 元价位线创出更高的价格。从浪 5 的涨势来看，其大概率发生了延长。

从理论上来讲，如果浪 5 发生延长上升，此时浪 5 的涨幅会达到浪 1 底部至浪 3 顶部长度的 161.8%，甚至更长。因此，这里可以以此作为参考来判断浪 5 的结束位置。

下面分别计算浪 5 发生延长后的理论结束价格。

①计算浪 1 底部至浪 3 顶部的长度。

浪 1 的底部是 2021 年 11 月 8 日的最低价 2.92 元，浪 3 顶部是 12 月 22 日创出的阶段高价 5.57 元，因此，浪 1 底部至浪 3 顶部长度的 161.8% 可以通过 "（浪 3 顶部 - 浪 1 底部）×161.8%" 这个公式来计算，具体如下：

浪 1 底部至浪 3 顶部长度的 161.8%=（5.57 - 2.92）×161.8%=4.29（元）

②计算浪 5 发生延长后的理论结束价格

由于浪 4 是在 3 月下旬于 3.60 元价位线附近止跌的，因此其终点大概也是在 3.60 元附近，根据 "浪 4 的终点 + 浪 1 底部至浪 3 顶部的 161.8%" 这个公式可以计算浪 5 发生延长后的理论结束价格，相关计算如下：

浪 5 发生延长后的理论结束价格 =3.60+4.29=7.89（元）

因此，当浪 5 发生延长后，投资者要重点关注 7.89 元这个价格附近的走势，因为浪 5 随时可能在这个价格附近结束上涨。

下面放大浪 5 前后的走势来观察。

图 3-25 为渝开发 2022 年 2 月至 4 月的 K 线走势。

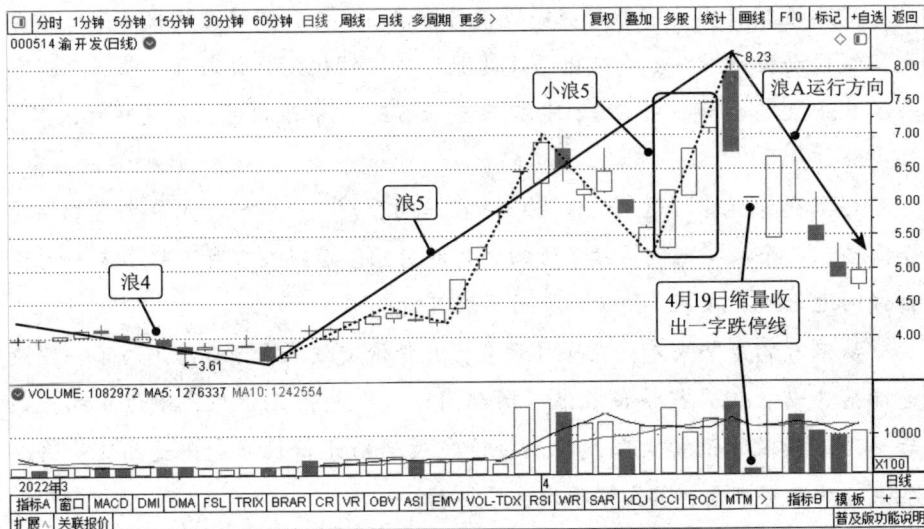

图 3-25　渝开发 2022 年 2 月至 4 月的 K 线走势

从图 3-25 中可以看到，浪 5 在上涨触及 7.00 元价位线后经历了一波快速下跌行情，最终在 5.50 元价位线附近止跌后在连续三根涨停阳线的作用下将股价拉高到 7.50 元价位线附近。

4 月 18 日，该股收出一根跌停大阴线突破 8.00 元价位线，创出 8.23 元的最高价，这个价格与浪 5 理论结束价格 7.89 相差不大，因此，此时在上涨高位放量收出的跌停大阴线大概率是主力出货，行情见顶的预示。

下面来分析当天的具体走势，如图 3-26 所示。

从图 3-26 中可以看到，该股当日开盘后就放出一笔巨大的成交量，短短几分钟就将股价推到了涨停板，并且长时间封板。在上午盘快结束时，该股开盘交易，之后股价更是大幅震荡急速下跌。

因此，开盘的巨量推动股价打到涨停板后封板，这很有可能是主力在刻意维持前几日股价的涨停走势，目的是方便后期出货。

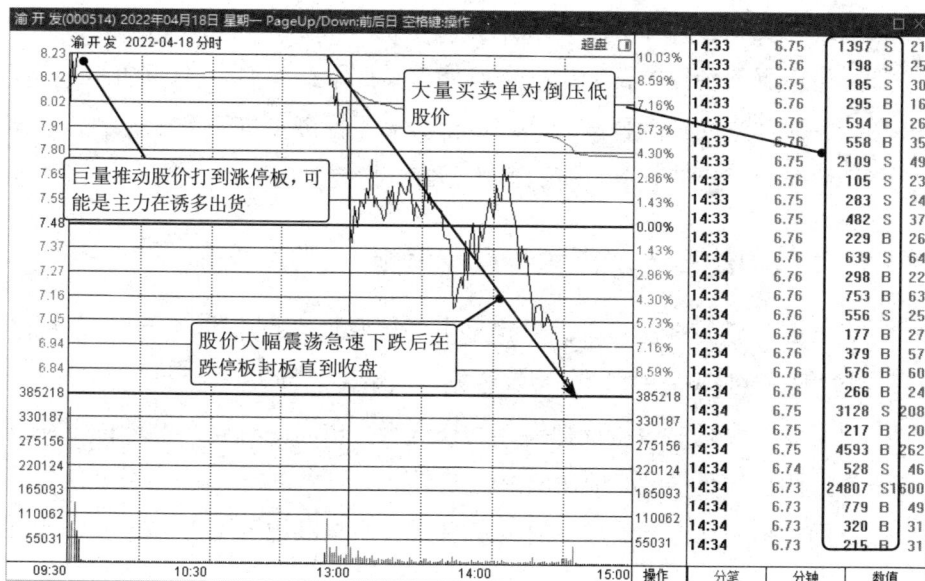

图 3-26　渝开发 2022 年 4 月 18 日的分时图

另外，从右侧的分笔交易信息中也可以看到，该股在开板交易后，盘中大量出现买卖单对倒压低股价步步拉低的情况，因此，可以更加确定此时主力正借助高位在逐步出货。

综合来看，4 月 18 日收出的跌停大阴线就预示着浪 5 上涨已经接近尾声，行情即将步入下跌，此时投资者最好跟随主力，在高位抛售出局，锁定前期利润。

从该股后市的走势来看，次日便缩量收出一字跌停线，说明部分主力资金或机构投资者在高位可能已经完成了出货，导致市场买盘不足，股价无法维持在高位，从而引发跌停。

在这种情况下，股价短期会继续下跌，结合浪 5 走势的结束，说明此时行情已经步入下跌之中，浪 A 开启。还未离场的投资者此时就要抓紧时间出局了。

3.2　下跌三浪涨跌幅特点与浪长预测

上涨过后就是下跌，在下跌阶段，投资者主要以寻找卖点止损为主，对于激进型投资者，可以在反弹阶段抢反弹获取短期收益。

无论出于何种目的，如果投资者能够掌握下跌三浪中各浪的涨跌特点及学会各浪理论浪长的预测方法，这都会大大提高投资的操作效率。下面就来具体介绍下跌三浪中各浪的涨跌幅特点与浪长预测方法。

3.2.1 下跌启动浪 A 的跌幅特点及预测

浪 A 是下跌行情的启动浪，也是市场转变趋势的开始。因此，重视浪 A，清楚浪 A 的跌幅特征，可有效避免下跌带来的损失。

对于要在浪 B 阶段抢反弹操作的投资者，也需要对浪 A 的理论下跌位置进行预测，从而尽可能地在反弹低位买进。

下面分别来介绍下跌启动浪 A 的跌幅特点与跌幅预测。

1. 浪 A 的跌幅特点

浪 A 作为下跌浪的第一浪，其跌幅具有风险性高、发生位置具有迷惑性、成交量先大后小、技术特征显著等特点。具体介绍如下：

①风险性高。浪 A 作为下跌趋势的开始，其跌幅在完整的波浪理论中可能并不算是最大的，但其往往具有较高的风险性。因为在这一浪中，股价往往会以快速的方式呈现，容易将追涨的投资者套牢在市场的顶部。

②发生位置具有迷惑性。正是因为浪 A 通常发生在上涨趋势的末端，因此具有很强的迷惑性。因为市场大众投资者在此时往往认为"下跌只是上涨过程中的一个回调"，从而未能及时识别出趋势的转变，导致在高点被套牢。

③成交量先大后小。在浪 A 刚开始时，由于市场参与者对下跌趋势的确认和恐慌情绪的蔓延，成交量可能相对较大。然而，随着浪 A 的深入和投资者情绪的逐渐稳定，成交量可能会逐渐萎缩。

④技术特征显著。从技术分析的角度来看，浪 A 的跌幅往往伴随着技术指标的恶化，比如均线系统的空头排列、MACD 指标的死叉、严重的背离现象、跳空下跌、连续阴线、大阴线、跌破重要支撑位等。这些技术信

号的出现为投资者提供了卖出或减仓的依据。

2. 浪 A 的跌幅预测

在浪 A 阶段，影响其下跌的因素有很多，比如市场情绪、基本面变化等。这些不确定的因素都会导致浪 A 的下跌大小不一。因此，作为下跌开启的第一浪，其跌幅预测与上涨行情中的第一浪的涨幅预测一样，都是一个难以精确量化的问题。所以，投资者在下跌行情中操作浪 B 抢反弹时，一定要谨慎买入。

对于浪 A 跌幅的预测，既可以通过前面上升五浪的总涨幅来进行预测，也可以通过浪 5 的涨幅进行预测，下面分别进行介绍。

（1）通过上升五浪的总涨幅预测浪 A 跌幅

根据上升五浪的总涨幅来预测浪 A 的跌幅，通常涉及波浪理论中的一些关键原则和比率，尤其是黄金分割比例，比如 0.382、0.5、0.618 等。其具体的预测方法是假设将上升五浪总涨幅设置为 100%，那么，从理论上来说，依据总涨幅的高点和低点添加黄金分割线后，浪 A 大概率会在 38.2%、50% 或 61.8% 这些黄金分割位止跌，结束浪 A 下跌，其示意图如图 3-27 所示。

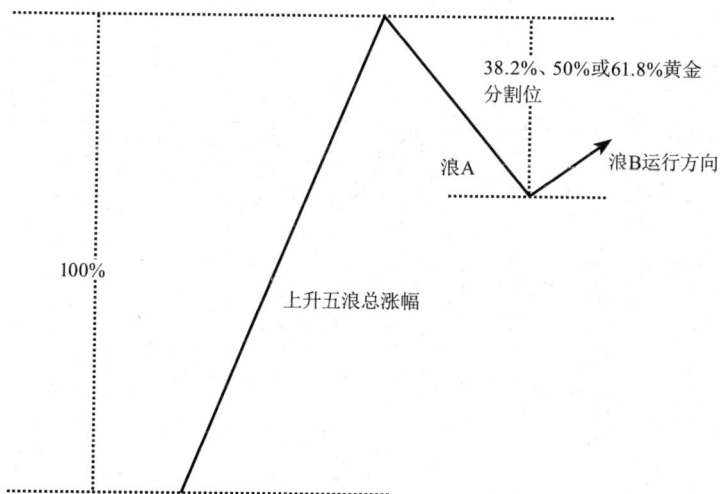

图 3-27　通过上升五浪的总涨幅预测浪 A 跌幅的示意图

（2）通过浪 5 的涨幅预测浪 A 跌幅

虽然整个下跌三浪是对前面整个上升五浪的调整，但是下跌三浪中的浪 A 主要是对上升五浪中的浪 5 进行修正，因此，在实战中也可以根据浪 5 的涨幅来预测浪 A 的调整空间。

从理论上来说，如果浪 A 是以锯齿形的下跌三浪进行调整，其调整幅度一般会回撤到浪 5 的 61.8% 以内甚至浪 5 起点附近，如图 3-28 所示。

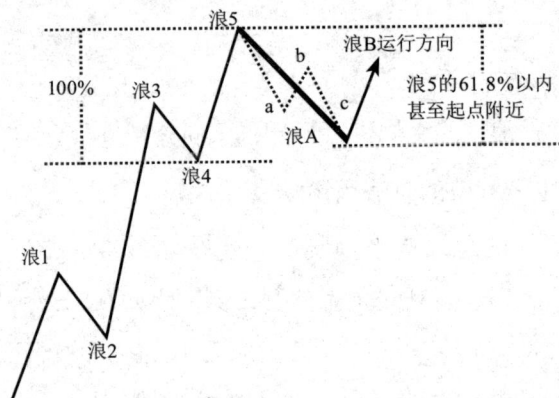

图 3-28　浪 A 回撤到浪 5 的 61.8% 以内甚至浪 5 起点附近的示意图

如果浪 A 是以平台形进行调整，则其调整幅度一般在浪 5 的 50% 以内，如图 3-29 所示。并且由于此时浪 A 的调整幅度较弱，后面浪 B 的反弹走势往往比较强势。

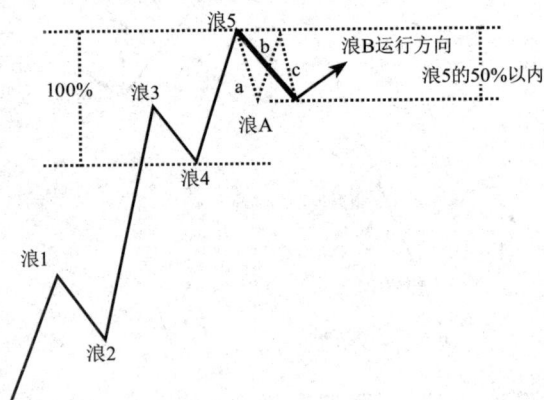

图 3-29　浪 A 回撤到浪 5 的 50% 以内的示意图

　　当然，在预测浪 A 的跌幅时，投资者应保持谨慎态度，因为任何预测方法都存在不确定性。因此，在实战预测过程中，投资者应结合多种技术和因素进行综合判断，以提高预测的准确性和可靠性。

　　比如，预测的浪 A 理论止跌位置正好处于前期支撑位，或者该理论止跌位置处的股价止跌后连续收阳拉升、均线反转向上形成金叉等，这些技术信息的出现都可以说明浪 A 大概率会在预测位置结束调整。

　　下面通过一个具体的实例来理解如何通过黄金分割率结合上升五浪总涨幅及如何根据浪 5 涨幅来预测浪 A 的理论结束价格。

实例分析 **海德股份（000567）浪 A 理论止跌位置的预测**

　　图 3-30 为海德股份 2020 年 1 月至 11 月的 K 线走势。

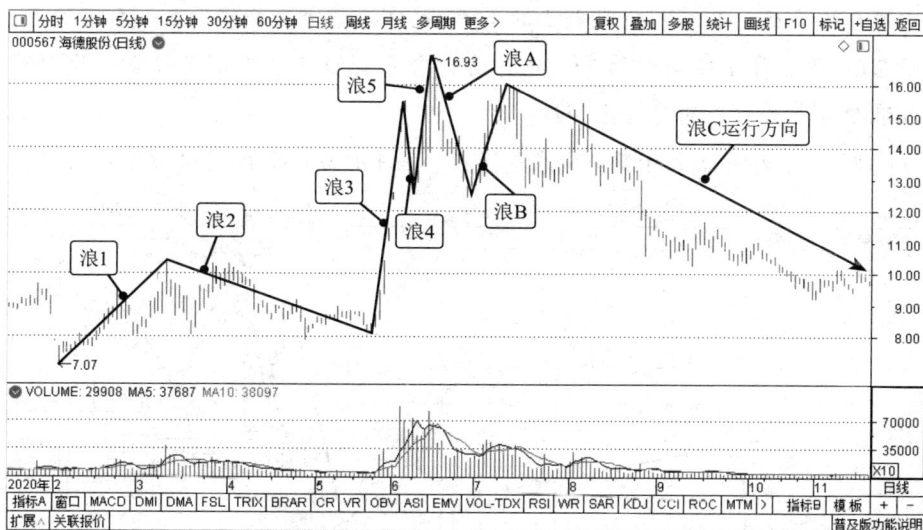

图 3-30　海德股份 2020 年 1 月至 11 月的 K 线走势

　　从图 3-30 中可以看到，该股在 2020 年 1 月底经过一波直线快速下跌后将股价压低到 8.00 元价位线之下，并在 2 月 4 日创出 7.07 元的最低价止跌。之后该股企稳回升步入上涨行情。

　　通过一轮清晰的上升五浪走势，该股直接从 7.07 元上涨到 6 月 12 日创出的 16.93 元，涨幅约 140%。

在如此巨大的涨幅后，该股见顶回落步入下跌，从后市的走势来看，该股的浪A下跌速度非常快。不到一个月的时间，几乎将前面的浪5涨幅全部跌去。这对于在浪A阶段追涨的投资者来说，损失是非常大的。好在之后浪B反弹涨回去了不少。因此，如果投资者能够抓住浪B反弹，也是可以降低一部分损失的。

这里对于在浪B抢反弹的投资者来说，浪A结束位置的判断就显得非常重要，越在浪B开启的低位买进，收回的损失就越多。

下面来看如何通过上升五浪的总涨幅和浪5涨幅来分别预测浪A的理论结束位置。

这里借助黄金分割线来寻找浪A的理论结束位置。

在炒股软件中打开画线工具，选择"黄金分割"工具后直接以上升五浪中浪5的终点，即6月12日创出的16.93元作为黄金分割线的第一个定位点，以2020年2月4日创出的7.07元作为黄金分割线的第二个定位点，为上升五浪趋势添加对应的黄金分割线。

图3-31为依据上升五浪中浪5终点和浪1起点添加的黄金分割线效果。

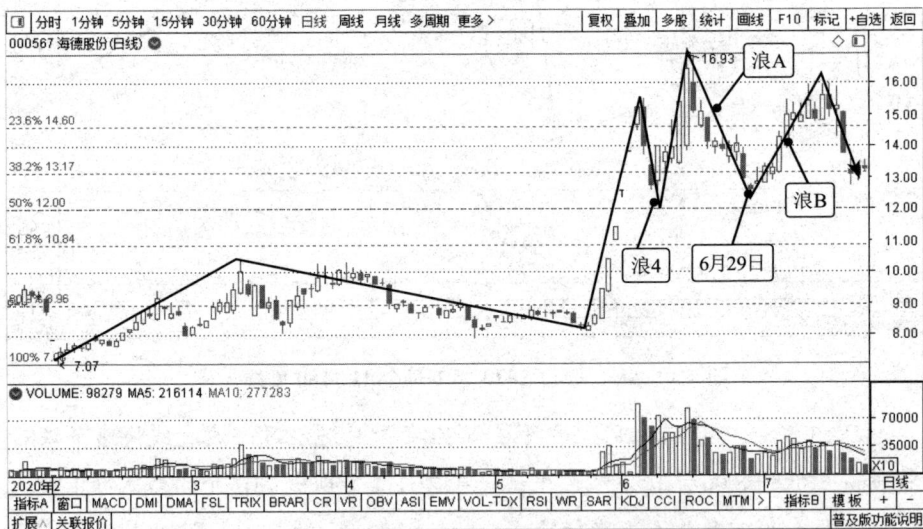

图3-31 海德股份2020年1月至7月的K线走势

从图3-31中可以看到，该股在16.93元见顶后次日便收出一根跌幅为

8.15% 的大阴线，之后股价多次收出跌幅较大的阴线，一步一步将股价压到更低位置。

6 月 29 日跳空收阴，使得股价运行到黄金分割线的 38.2% 位置下方，但是次日股价便收阳止跌。结合前期走势来看，这里也是浪 4 的止跌位，说明股价在这个位置有一定的支撑。

综合来看，股价在这里止跌的可能性非常大，即浪 A 大概率会在前一波上涨行情的 38.2% 位置附近止跌。

因此，对于场内的投资者来说，此时可以不用着急卖出，等待浪 B 反弹后在高位卖出，从而收回一部分损失。对于场外的激进型投资者，此时可做好抢反弹的准备，在之后股价连续收阳上涨的过程中根据自己的操作策略择机轻仓买入抢反弹。

上面是通过上升五浪的总涨幅来对浪 A 的跌幅进行预测的。那么，如果要借助浪 5 的涨幅来预测浪 A 的跌幅位置，又该如何进行呢？

下面来看一下具体的分析过程。

放大浪 5 和浪 A 前后的走势，如图 3-32 所示。

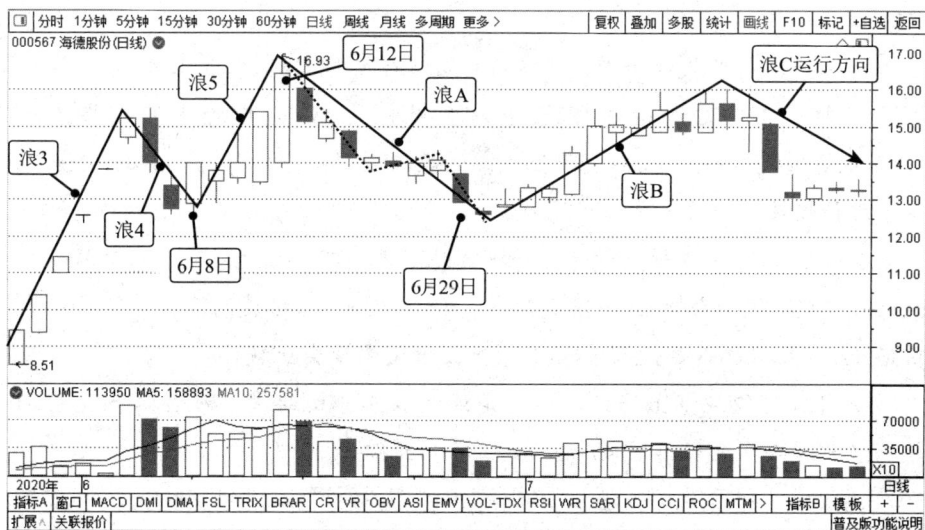

图 3-32　海德股份 2020 年 5 月至 7 月的 K 线走势

从图 3-32 中可以看到，浪 4 仅回调两个交易日后便在 6 月 8 日创出 12.53 元的最低价后企稳回升，开启浪 5。而浪 5 也在连续收阳的作用下很快于 6 月 12 日创出 16.93 元的最高价后见顶回落，开启浪 A。

从浪 A 的走势来看，在一波快速下跌后于 14.00 元价位线止跌，之后跌破该价位线继续向下，因此，浪 A 是以锯齿形的下跌三浪展开。由此可以预判，浪 A 大概率会在浪 5 的 61.8% 以内，或者浪 5 起点附近止跌。下面来计算这两个位置的理论结束价格。

①浪 A 回调到浪 5 的 61.8% 以内止跌

浪 4 终点是 6 月 8 日的最低价 12.53 元，浪 5 的终点是 6 月 12 日的 16.93 元。根据"浪 5 的长度 = 浪 5 终点 − 浪 4 终点"和"浪 A 回调到浪 5 的 61.8% 的位置的结束价格 = 浪 5 的终点 − 浪 5 的 61.8% = 浪 5 的终点 − 浪 5 的长度 × 61.8%"这两个公式，可以得到浪 A 回调到浪 5 的 61.8% 位置的理论结束价格，相关计算如下：

浪 5 的长度 = 16.93 − 12.53 = 4.40（元）

浪 A 回调到浪 5 的 61.8% 的结束价格 = 16.93 − 4.40 × 61.8% = 14.21（元）

②浪 A 回调到浪 5 的起点附近止跌

浪 5 的长度为 4.40 元，因此浪 A 回调到浪 5 的起点的价格为：16.93 − 4.40 = 12.53（元）。

综上所述，浪 A 大概率会在 14.21 元以内或 12.53 元附近止跌。

回到如图 3-32 所示的 K 线图中可以看到，浪 A 中的小浪 C 在跌破 14.00 元价位线后触及 13.00 元价位线，因此浪 A 的结束价格与计算的 12.53 元这个理论值比较接近。

6 月 29 日，该股跳空低开后一路震荡下跌，在接近尾盘时才止跌拉升，最终以 2.63% 的跌幅收出一根小阴线，创出 12.41 元的最低价，与理论结束价格 12.53 元只相差 0.12 元，可以预测股价大概率会止跌。

次日股价便跳空上涨，之后更是连续收阳，由此进一步说明浪 A 在回调到浪 5 起点附近创出 12.41 元的最低价后止跌了。

通过以上案例可知，虽然采用的预测方法不同，但是实际预测的结果基本是一致的，即都在 6 月 29 日止跌结束回调。在实战中，投资者可以选择自己熟悉的方法进行预测，但是仍然要提醒投资者，预测结果只能作为参考，不能作为指导浪 A 结束位置判断的唯一依据。

3.2.2　反弹浪 B 的涨幅特点及预测

浪 B 是下跌三浪中的第二浪，也可以理解为反弹浪。它是对浪 A 下跌的技术修复，一旦反弹结束后，后市将出现暴跌走势。因此，通常浪 B 也被称为多头的逃命线。那么这一浪又具有什么样的涨幅特点呢？其理论的涨幅结束位置又在哪里呢？下面分别来进行介绍。

1. 浪 B 的涨幅特点

浪 B 作为下跌过程中的反弹力，其涨幅特点主要表现在反弹幅度有限、持续时间不会太长、反弹形态多样性等方面，具体介绍如下：

①反弹幅度有限。浪 B 的反弹幅度取决于市场的整体状况、投资者情绪及技术面指标等因素。通常情况下，浪 B 的反弹幅度不会完全挽回浪 A 的损失，它只是对浪 A 的下跌幅度进行一定程度的回补。但是在某些情况下，浪 B 的反弹可能超越 A 浪的起点，但这种情况相对比较少见。

②持续时间不会太长。浪 B 的持续时间通常不会太长，因为它只是下跌趋势中的一次短暂反弹。然而，具体的持续时间也会因市场情况而异。在某些情况下，浪 B 可能会持续数周或数月的时间，而在其他情况下则可能只持续几天或几周。

③反弹形态多样性。浪 B 的反弹形态可能多种多样，包括但不限于三角形、矩形、旗形等整理形态。这些形态的出现往往与市场内部力量重新分配和趋势的进一步演变有关。

2. 浪 B 的涨幅预测

浪 B 的涨幅会因为浪 A 的下跌形态不同而产生不同的反弹行情，下面具体介绍不同浪 A 形态下浪 B 的理论涨幅。

（1）浪 A 以单浪形态下跌浪 B 的反弹幅度

浪 A 只有一浪（此浪必须跌势凶狠），此时的浪 B 可能反弹到浪 A 的 50% 处，这个主要是因为投资者心理因素而产生的。其示意图如图 3-33 所示。

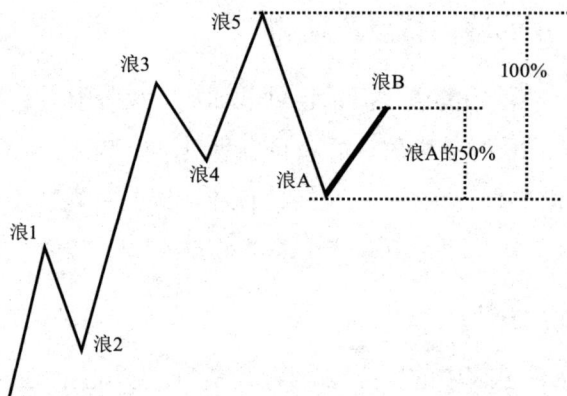

图 3-33　浪 A 以单浪形态下跌浪 B 的反弹幅度示意图

（2）浪 A 以三浪形态下跌浪 B 的反弹幅度

如果浪 A 是以三浪下跌的形态出现，此时的浪 B 很可能以不规则的形态出现，并且场内做多势能强劲时，浪 B 反弹可能超越 A 浪的起点。若超过，此时浪 B 可能会反弹到浪 A 的 123.6% 或是 138.2% 位置处，其示意图如图 3-34 所示。

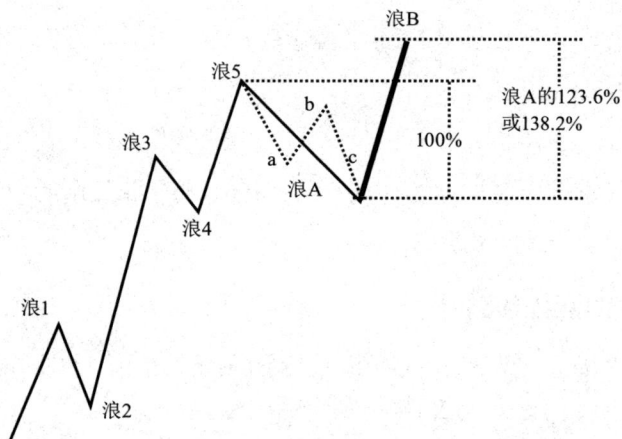

图 3-34　浪 A 以三浪形态下跌浪 B 的反弹幅度示意图

（3）浪 A 以五浪形态下跌浪 B 的反弹幅度

如果浪 A 是以五浪下跌的形式出现，此时的浪 B 可能反弹到浪 A 的 38.2%、50% 或 61.8% 处，其示意图如图 3-35 所示。

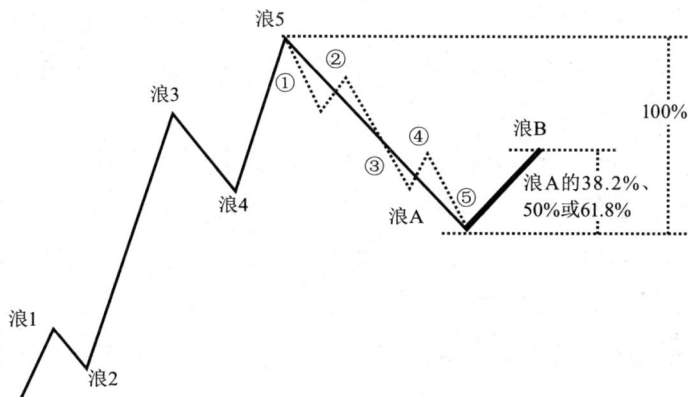

图 3-35 浪 A 以五浪形态下跌浪 B 的反弹幅度示意图

无论以何种方式反弹，浪 B 理论反弹结束价格都可以使用"浪 B 的反弹结束位置的价格 = 浪 A 的终点 + 浪 A 的 X%= 浪 A 的终点 + 浪 A 的长度 ×X%"这个公式进行计算。

下面来看一个具体的实例。

实例分析 盛达资源（000603）浪 B 反弹结束位置的预测

图 3-36 为盛达资源 2024 年 2 月至 7 月的 K 线走势。

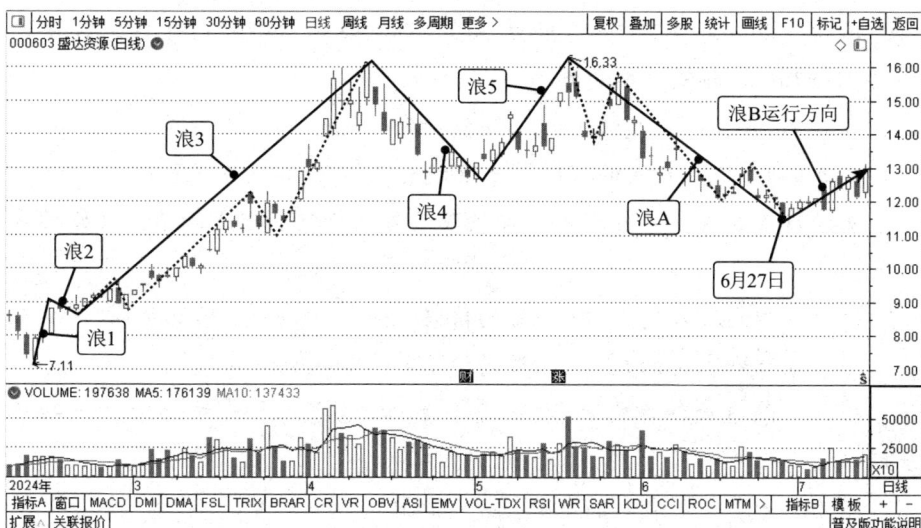

图 3-36 盛达资源 2024 年 2 月至 7 月的 K 线走势

从图 3-36 中可以看到，该股在 2024 年 2 月 6 日创出 7.11 元的最低价后，开启浪 1 上涨，其中浪 1 和浪 2 持续的时间都比较短暂，之后便在浪 3 的延长作用下展开主升浪。

虽然整个上升五浪持续的时间不是很长，只有 3 个月左右，但是整体走出了一波可观的上升五浪，股价从最低的 7.11 元上涨到 5 月 21 日的最高价 16.33 元，总涨幅约 130%。之后股价见顶回落，开启浪 A，行情步入下跌通道中。

观察浪 A 的走势可以发现，该浪发生了延长，由次一级的下跌五浪构成，最终在 6 月 27 日创出 11.50 元的最低价后止跌企稳，开启浪 B。

由于浪 A 是以五浪下跌形态出现的，理论上，此时的浪 B 可能反弹到浪 A 的 38.2% 和 61.8% 位置处，下面来计算理论上浪 B 的反弹结束价格。

下面计算浪 A 的浪长、浪 A 的 38.2% 和 61.8% 这几个参考数据。

①浪 A 的浪长

浪 A 的起点为 2024 年 5 月 21 日的最高价 16.33 元，终点为 6 月 27 日的最低价 11.50 元，则：

浪 A 的长度 =16.33 － 11.50=4.83（元）

②浪 A 的 38.2% 和 61.8%

根据"浪 A 的 X%= 浪 A 的长度 ×X%"公式可以分别计算出浪 A 的 38.2% 和 61.8%，相关计算如下：

浪 A 的 38.2%= 浪 A 的长度 ×38.2%=4.83×38.2%=1.85（元）

浪 A 的 61.8%= 浪 A 的长度 ×61.8%=4.83×61.8%=2.98（元）

基于以上数据，浪 B 理论反弹结束位置的价格有以下两个，具体计算如下：

浪 B 反弹到浪 A 的 38.2% 位置的价格 =11.50+1.85=13.35（元）

浪 B 反弹到浪 A 的 61.8% 位置的价格 =11.50+2.98=14.48（元）

因此，浪 B 大概率会在 13.35 元和 14.48 元这两个价格附近受阻结束反弹。

下面放大浪 A 和浪 B 的走势，分析浪 B 的结束位置。

图 3-37 为盛达资源 2024 年 5 月至 7 月的 K 线走势。

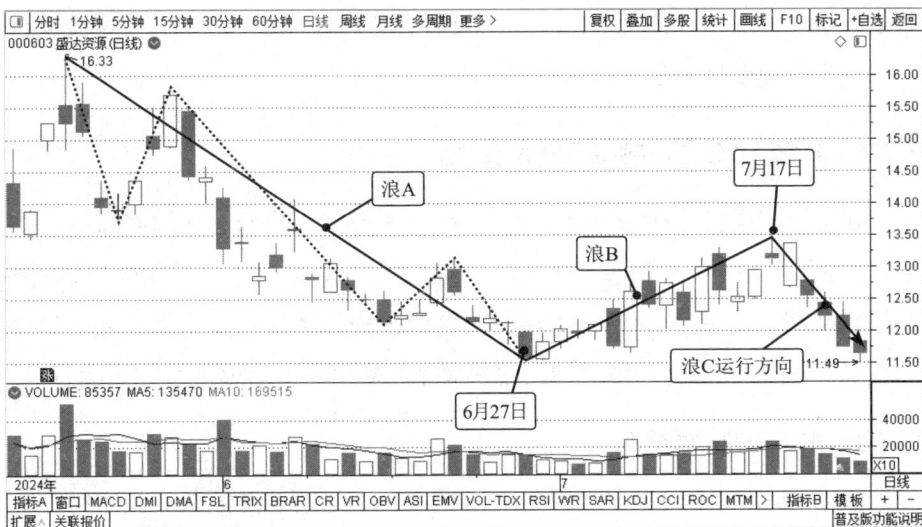

图 3-37　盛达资源 2024 年 5 月至 7 月的 K 线走势

从图 3-37 中可以看到，浪 A 在 6 月 27 日止跌企稳后反弹上升，但是由于整个反弹过程中成交量相对于前期没有明显放大，几乎和浪 A 中次一级波浪的小浪 3 后期的成交量水平相差不大，说明场内没有足够的量能支撑浪 B 走出强势反弹。

因此，整个浪 B 反弹走势比较温和，其中大多数时候都是阴阳 K 线相互交替出现，对于在浪 B 阶段抢反弹的投资者，此时切记要轻仓买进，且要随时注意 13.35 元和 14.48 元这两个理论反弹结束价格附近的走势。

在 7 月 17 日，该股大幅高开后在高位震荡，并创出当日的最高价 13.50 元。之后，股价很快便跌破当日均价线一路震荡下跌。虽然下午盘后股价维持在一定的价位横向震荡，但是当日仍然以 1.31% 的涨幅收出一根带上影线的小阴线。

从当日的走势来看，股价出现明显的弱势，再结合当日创出的最高价 13.50 元来看，与理论的浪 B 反弹价格 13.35 元相差不大，说明这波反弹行情大概率会反弹到浪 A 的 38.2% 位置处结束反弹，因此，机警的投资者在当日就会择机卖出，锁定前期收益。

次日，股价大幅低开后一路震荡拉升，整体走势看起来还比较积极，当日也收出一根大阳线，但从 K 线图来看，当日 K 线已经出现明显的下移，这进一步说明反弹行情结束，浪 C 启动了，此时还处于场内的投资者就要抓住时机果断清仓出局了。

3.2.3　下跌浪 C 的跌幅特点及预测

浪 C 是下跌三浪中的最后一浪，在这一浪中，投资者应以持币观望为主。然而，浪 C 结束后便会开启下一波上升五浪，因此，了解浪 C 的跌幅特点及确定浪 C 的理论结束位置，这对投资者抓住浪 1 上涨初期有重要的意义。下面就来具体介绍浪 C 的跌幅特点及其理论结束位置的预测方法。

1. 浪 C 的跌幅特点

浪 C 的跌幅特点主要表现在跌幅巨大、下跌持续时间长、技术特征明显等方面，具体介绍如下：

①跌幅巨大。浪 C 作为下跌浪中的最后一浪是紧跟着浪 B 的，在浪 B 结束后，让很多投资者意识到行情已经步入下跌，所以市场开始全线下跌，从而导致浪 C 的破坏力往往很强，其下跌幅度通常不小于浪 A，甚至可能超过浪 A 的跌幅。

②下跌持续时间长。浪 C 的调整时间相对较长，市场可能长期处于下跌通道中，期间几乎没有大的反弹，这意味着投资者在浪 C 期间很难通过短线操作获利。

③技术特征明显。在浪 C 下跌过程中，许多技术指标会超卖，显示出市场已经处于极度低估的状态，但是在浪 C 的末期可能会出现一些见底技术信号，比如 K 线可能形成长影线、早晨之星等形态，这些信号为投资者提供了抄底的依据。

2. 浪 C 的跌幅预测

浪 C 的跌幅与浪 A 的跌势力度有关，浪 A 对应的下跌力度不同，浪 C 的形态走势也有不同，其跌幅也不同，具体有如下两种情况：

（1）浪 A 平缓下跌形态下浪 C 的下跌幅度

在相对平坦的调整之中，浪 C 的长度和浪 A 的长度几乎相等。这不仅是市场心理因素的作用，还是技术分析中平台形调整走势的反映。

在整个调整过程中，浪 B 出现较大的反弹，甚至反弹接近浪 A 的顶部，浪 A 和浪 C 沿着相互平行的两条直线逐步向下运动，而且浪 C 的长度不会小于浪 A 的长度，但也不会出现过于远离浪 A 底部的现象（即使浪 C 发生延长也不会远离浪 A 底部）。其示意图如图 3-38 所示。

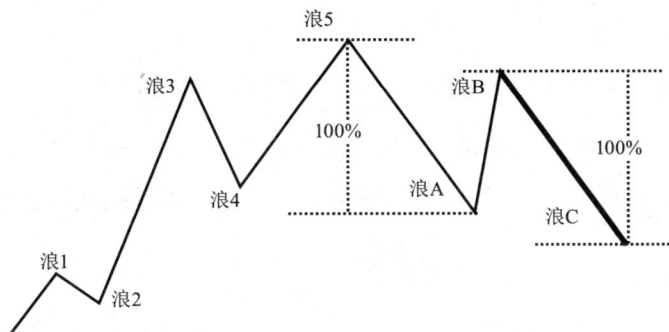

图 3-38　浪 A 平缓下跌形态下浪 C 的下跌幅度示意图

（2）浪 A 迅猛下跌形态下浪 C 的下跌幅度

在浪 A 跌势迅猛，而浪 B 反弹不力的条件下，浪 C 发生延长的可能性极大，且延长的下跌五浪模式必然导致浪 C 的长度远远超过浪 A，一般能够达到浪 A 的 161.8% 或 261.8%，这是市场极度弱势的表现，但这一比例并非绝对，具体取决于市场情况。其示意图如图 3-39 所示。

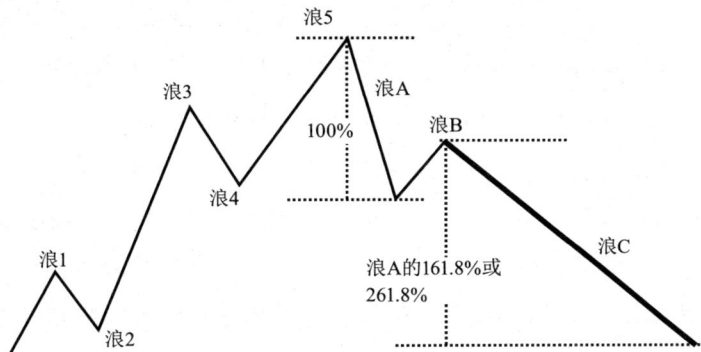

图 3-39　浪 A 迅猛下跌形态下浪 C 的下跌幅度示意图

对于浪 C 下跌的理论结束价格，投资者可以使用以下公式进行计算：

浪 C 下跌的理论结束位置的价格 = 浪 B 的终点 − 浪 A 的 X%= 浪 B 的终点 − 浪 A 的长度 ×X%

比如，浪 C 下跌达到浪 A 的 161.8%，则其理论结束价格的计算公式为：浪 C 下跌到浪 A 的 161.% 位置的理论结束价格 = 浪 B 的终点 − 浪 A 的 161.8%= 浪 B 的终点 − 浪 A 的长度 ×161.8%

下面来看一个具体的实例。

实例分析 盛达资源（000603）浪 C 下跌结束位置的预测

图 3-40 为盛达资源 2022 年 10 月至 2023 年 11 月的 K 线走势。

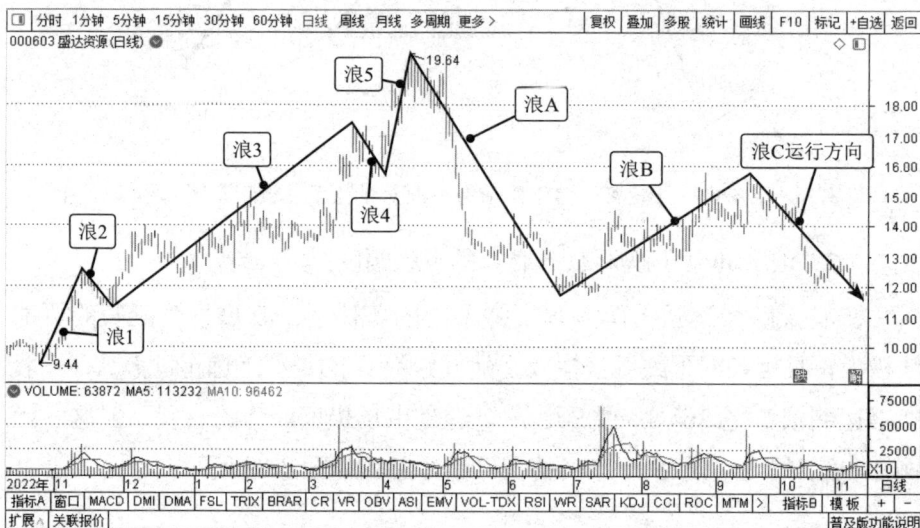

图 3-40　盛达资源 2022 年 10 月至 2023 年 11 月的 K 线走势

从图 3-40 中可以看到，该股在 2022 年 10 月 25 日创出 9.44 元的最低价后止跌回升步入上涨，整个上涨走出了一波完整的上升五浪模型，此轮上涨最高上涨到 4 月 14 日的 19.64 元，涨幅约为 108%。之后股价快速见顶回落，步入长时间的大幅下跌行情中。

整个下跌在 11 月上旬再次下跌到浪 A 的止跌位附近，浪 C 是否要结束了呢？下面放大下跌三浪来分析浪 C 的下跌形态。

图 3-41 为盛达资源 2023 年 4 月至 2024 年 2 月的 K 线走势。

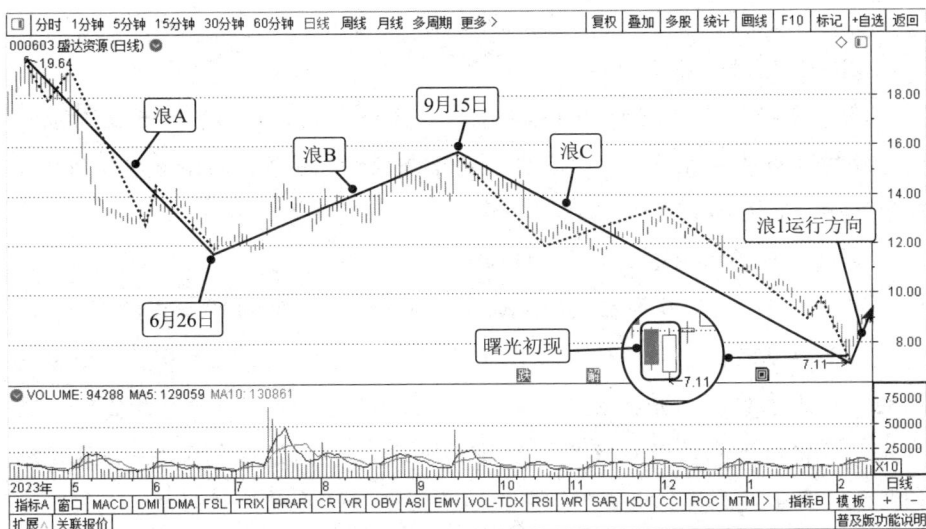

图 3-41　盛达资源 2023 年 4 月至 2024 年 2 月的 K 线走势

从图 3-41 中可以看到，浪 A 是以次一级的下跌五浪出现，整个下跌持续了两个多月的时间，在小浪 5 末尾后，该股的跌势出现了减缓，最终在 6 月 26 日创出 11.75 元的最低价后止跌。

随后，该股在 12.00 元价位线附近横盘了一段时间，在 7 月中旬的放量拉升推动下开启浪 B。从浪 B 的反弹走势来看，期间的每一次上涨都会伴随着成交量的放大，但是放大的量能逐步在变小，说明推动浪 B 上涨的动能在衰减。最终，该股在 9 月 15 日创出 15.68 元的阶段高价后反弹结束。

从这波反弹行情来看，浪 B 几乎反弹到了浪 A 的 50% 位置［浪 B 反弹到浪 A 的 50% 的理论价格 = 浪 A 的终点 + 浪 A 的 50%= 浪 A 的终点 + 浪 A 的长度 ×50%=11.75 +（19.64 － 11.75）×50%=15.70（元）］，因此，浪 B 的这波反弹还是比较大的。

因此，浪 C 下跌的幅度大概率与浪 A 的下跌幅度相等，即使浪 C 出现延长，其下跌的幅度也不会与浪 A 的下跌幅度相差太大。

下面来具体预测一下浪 C 的下跌幅度。

① 计算浪 A 的浪长

浪 A 的起点为 2023 年 4 月 14 日的最高价 19.64 元，终点为 6 月 26 日的最低价 11.75 元，则：

浪 A 的长度 =19.64 − 11.75=7.89（元）

②浪 C 下跌的理论价格

浪 B 是在 9 月 15 日创出 15.68 元的最高价后结束反弹，由于此时浪 C 的下跌幅度与浪 A 相等，因此浪 C 理论下跌的结束位置的价格直接使用"浪 B 的终点 − 浪 A 的长度 ×100%"这个公式，相关计算如下：

浪 C 下跌的理论结束价格 =15.68 − 7.89=7.79（元）

因此，股价大概率会在 7.79 元价格附近受到支撑止跌结束浪 C。

下面再来看图 3-41，从 K 线图中可以看到，浪 C 发生了延长，由次一级的下跌五浪构成，并在跌破 8.00 元价位线创出 7.11 元的价格后止跌，这个止跌价格与计算的浪 C 下跌的理论结束价格 7.79 元相差不大，并且此时的阳线与上个交易日创出的阴线形成的是曙光初现见底 K 线组合。

综合来看，浪 C 大概率已经见底，投资者此时可密切关注该股后市走势，并做好买入准备。只要股价随后能够持续推动股价上涨，则说明行情发生逆转，浪 1 开启，投资者就可以根据自己的操作策略买入该股抄底。

本章的知识至此就介绍完了，大量的实例解析也进一步说明了通过研究各浪的涨跌幅特性及对各浪的理论结束价格进行预测在实战中对投资者制定买卖策略的重要意义。

但是同样需要注意，股市千变万化，影响股价变化的因素也很多，计算的理论值只能作为参考，不能完全依赖于该理论值来指导实际操作。

第 4 章

波浪分析技术实战应用详解

通过前面三章内容的学习，我们掌握了波浪分析技术的基础知识、波浪分析技术中的数学关系、八浪模式中各浪的涨跌幅特点及其理论浪长的预测方法。为了更好地在实战中运用这些知识，指导投资者正确、有效地利用波浪分析技术制定买卖策略，本章将从实战的角度出发，对八浪模式中各浪的实战应用进行具体讲解。

4.1 发现浪 1，抄底买入

在上升五浪中，浪 1 作为第一浪标志着新趋势的开始，同时也是之前下跌趋势结束的标志。这一浪对于投资者来说，是低位建仓的一个机会。下面将具体介绍如何发现浪 1，实现低位抄底买入。

4.1.1 如何判断浪 1 开启

在浪 1 阶段抄底买入是指买在浪 1 的相对低位，降低投资者的买入成本，而非买在浪 1 的起点，因为在复杂的股市中，没有任何投资者可以准确预测出个股浪 1 的起点位置。

但是我们可以通过判断浪 1 开启，并结合浪 1 上涨的一些常见方式，来分析出相对低的买入位置。

那么，有没有什么方法来判断浪 1 开启了呢？答案是肯定的。下面将从形成位置和成交量两个角度来教会投资者正确判断浪 1 开启。

1. 从形成位置判断是否有条件开启浪 1

从整个波浪循环来看，这一段上涨的开启必然跟在上一段下跌之后，因此，在上一段下跌的浪 C 结束位置是发现浪 1 的先决条件，其示意图如图 4-1 所示。

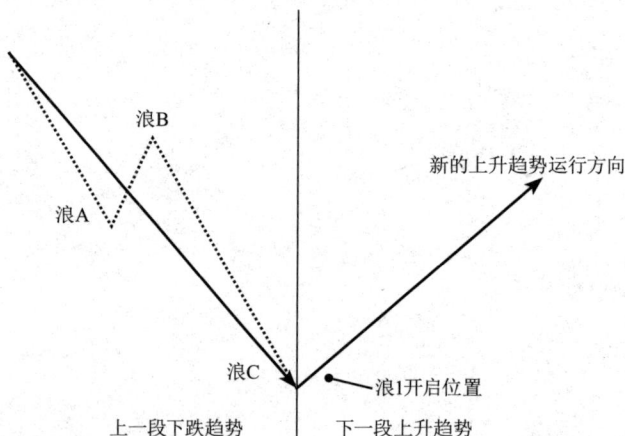

图 4-1　浪 1 出现在浪 C 结束后的位置示意图

从图 4-1 中可以看到，抓住了浪 C 的下跌末端，也就抓住了浪 1，而浪 C 的下跌末端的预测方法在本书第 3 章中详细介绍过了，这里不再进行赘述。

另外，需要特别说明的是，图 4-1 只是对浪 1 的出现位置进行了一个简单刻画。在实际的下跌行情走势中，浪 A、浪 B 和浪 C 通常不会以这么简单的三浪下跌模式展开，而是会以各种复杂的形态出现，在实际的浪 1 启动判断中，不能以图 4-1 中的简单三浪下跌形态来分析一个下跌过程。

2. 从成交量角度判断是否有条件开启浪 1

股价在经过下跌三浪的推动后运行到行情的低价位区，此时如果行情要发生逆转，进入上涨趋势中，那么对应的成交量必然会产生变化，通过成交量变化，投资者即可判断是否有条件开启浪 1。具体如何看呢？可以从成交量的变化趋势和与股价走势结合两方面入手。

（1）浪 1 启动时成交量的变化趋势

浪 1 启动时成交量的变化趋势主要体现在温和放大和持续性两方面。

①温和放大。在浪 1 启动时，成交量通常会较之前的底部区域有所放大，但不一定是急剧放大。这种温和放大的趋势表明有资金开始逐步介入，推动股价上涨。

②持续性。成交量的放大应该具有一定的持续性，而不是单日或短时间的脉冲式放大。持续放大的成交量更能说明市场趋势的转变和资金的持续流入。

（2）浪 1 启动时成交量与股价走势的关系

在浪 1 启动时，股价的上涨应该伴随着成交量的放大。这种量价配合的现象是市场趋势向上的重要信号。

如果股价在上涨过程中，成交量却出现萎缩或未能有效放大，这表明上涨动力不足，浪 1 的启动可能存在疑问。此时股价的上涨可能只是一个反弹而已。

下面来看一个具体的实例。

实例分析 广弘控股（000529）浪1启动分析

图4-2为广弘控股2020年8月至2021年8月的K线走势。

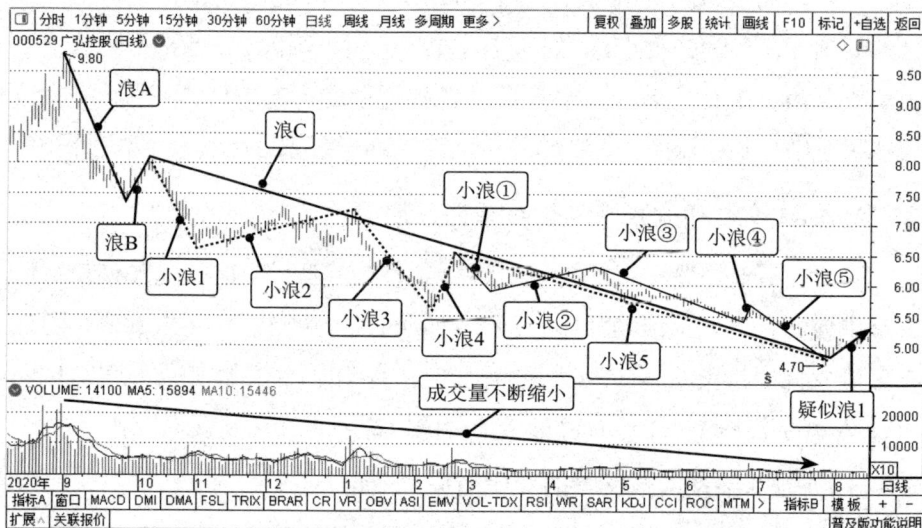

图4-2　广弘控股2020年8月至2021年8月的K线走势

从图4-2中可以看到，该股在2020年8月31日创出9.80元的最高价后见顶回落步入下跌走势中，浪A的下跌速度非常快，仅一个月左右的时间，股价就从9.80元下跌到7.50元价位线附近，跌幅超过23%。

在浪A快速下跌后止跌企稳，接着发生的浪B反弹也在情理之中了，但是相对于浪A的大幅下跌来说，浪B反弹却并不是那么的强劲，只持续了几个交易日便在10月中旬于8.00元价位线反弹受阻结束上涨。说明此时场内的做空势能比较强劲，这也为后面浪C的长时间下跌埋下了伏笔。

从整个浪C的走势来看，浪C发生了延长，由次一级的下跌五浪构成（小浪1-小浪2-小浪3-小浪4-小浪5，图4-2中的虚线走势），并且其中的小浪5再次发生了延长（小浪①-小浪②-小浪③-小浪④-小浪⑤，图4-2中的细实线走势），从而使得整个浪C持续了9个多月的时间，并且在整个股价的下跌过程中，成交量都呈现出缩量状态，该股最终在4.70元的价格附近止跌。

股价从 9.80 元下跌到 4.70 元，跌幅已经超过 52%，还是比较大的了，而此时股价在创出 4.70 元的低价后止跌企稳，大概率行情反转了，因此这里的反转上涨可看作疑似浪 1 开启。

下面放大浪 C 末尾的走势继续分析。

图 4-3 为广弘控股 2021 年 2 月至 10 月的 K 线走势。

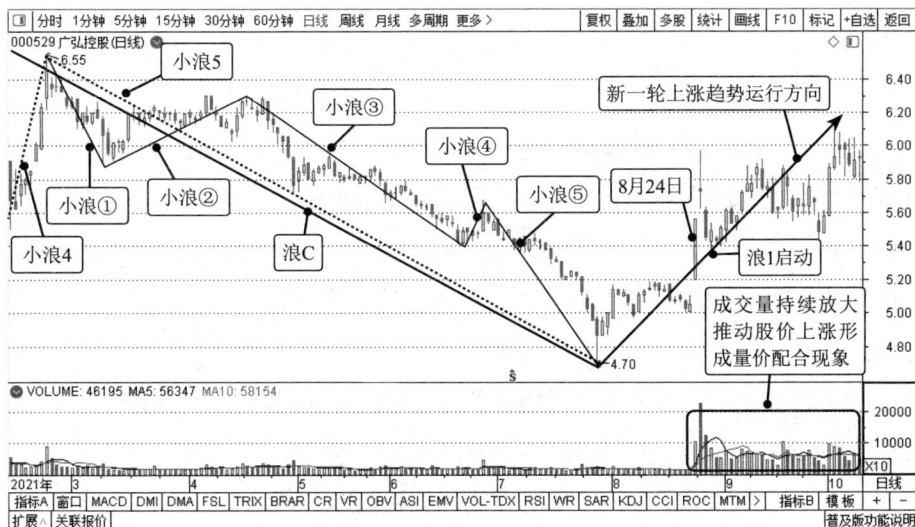

图 4-3　广弘控股 2021 年 2 月至 10 月的 K 线走势

从图 4-3 中可以看到，随着股价的不断下跌，此时成交量也缩小到非常小的状态，尤其在经过小浪 5 的延长后，成交量更是缩小到极度地量，这是市场见底的重要特征之一。

股价在创出 4.70 元的最低价后企稳回升，但是观察成交量可以发现，整个 8 月下旬之前，成交量都是非常小的，相对于前期的地量成交量来说没有太大的变化，因此，投资者不要着急抄底，因为在无量支撑的情况下，这波上涨很可能演变为一波反弹行情，因此抄底投资者要耐心等待。

8 月 24 日，该股突然放量跳空高开拉升股价，短短时间内就将股价打到涨停板，随后封板直到收盘，当日放量收出的涨停大阳线将股价强势拉升。之后成交量持续放大推动股价上涨，成交量与股价形成量价配合的现象。

在经过前面浪 A、浪 B 和浪 C 这三浪下跌后，股价运行到低价位区后企稳回升，并伴随着成交量的不断放大推动股价上涨，综合判断，该股行情已经发生逆转进入新一轮的上涨通道中，浪1随之启动。

4.1.2　浪1五种上涨方式的买入分析

在了解了浪1开启的判断方法后，下面将介绍五种实战中浪1上涨方式的常见形态，让投资者在实战中学会发现浪1的启动，实现在低位买入抄底。

1.　浪1温和上涨

温和上涨是浪1比较常见的一种展开方式，在整个浪1期间，股价在较长时间内都会保持稳步上升的趋势，涨幅相对温和。就成交量变化而言，成交量在这一阶段可能表现为小幅变动，或者在某些时候出现一定程度的放大，但总体呈现出一种规律性的变化，这种变化往往与股价的上涨节奏相呼应。

浪1温和上涨通常是主力机构为了达到建仓吸筹目的而采取的一种策略。主力机构之所以这样做，主要有以下三个原因：

①因为他们有足够的时间来完成建仓吸筹。

②想用长时间的运动来尽可能多地掌握市场的流动筹码，为后续拉抬股价减轻压力。

③主力机构在等待大盘指数的发展，希望等到大盘上扬时再拉升股价。

当浪1以温和上涨的方式启动时，投资者可以采取以下策略：

①适量买入。在确认浪1温和上涨的趋势后，投资者可以适量买入。但需要注意的是，由于此时股价仍处于上涨初期，因此应保持谨慎态度，避免盲目追高。

②关注成交量变化。浪1阶段的成交量变化是判断浪1开启的重要指标之一。因此投资者要密切关注成交量的变化情况，以便及时调整自己的操作策略。

③结合大盘走势。投资者在作出投资决策时，还应结合大盘走势来进行分析。如果大盘处于上涨趋势中，那么浪1温和上涨的股票更有可能继

续上涨；反之，如果大盘处于下跌趋势中，那么投资者应谨慎对待相关个股的投资机会。

2. 浪 1 爆发上涨

浪 1 爆发上涨是一种引人注目的现象，它标志着股价在经历一轮显著下跌后，以迅猛而强烈的方式重新崛起。股价的上涨速度往往非常快，甚至可能出现连续的涨停 K 线。这种强烈的上涨态势，不仅吸引了市场的广泛关注，也激发了投资者的追涨热情。

当浪 1 以爆发上涨的方式启动时，后市的上涨幅度通常不会太小，此时投资者应保持冷静，观察急速拉升或涨停拉升后的休整情况。如果休整期间成交量保持活跃且股价未出现大幅回落，投资者可以考虑在休整结束后择机买入。

拓展知识 浪 1 出现爆发上涨的原因

浪 1 出现爆发上涨往往源于两个主要因素：一是市场突如其来的利好消息，二是股价长时间超跌后所积聚的强烈反弹动能。

①利好消息的刺激。当市场公布对某公司或整个行业有重大正面影响的消息时，股价可能迅速作出反应，开启浪 1 的爆发上涨。这些消息可能包括业绩超预期、重大合同签订、政策扶持等，它们为股价提供了强劲的上涨动力。

②超跌反弹的爆发。在股价长时间下跌并严重偏离其价值区间后，市场往往会积累起强烈的反弹需求。此时，一旦有资金介入或市场情绪回暖，股价就可能以爆发式的方式迅速反弹，形成浪 1 的强劲启动。

---

3. 浪 1 串阳式上涨

串阳形态是股市技术分析中一个重要的底部确认与上涨启动信号。如果浪 1 以串阳的方式上涨，它不仅为投资者提供了明确的底部确认信息，还预示着股价在未来一段时间内可能具备强劲的上涨动力。其具体的上涨特点如下：

①底部稳固。串阳形态通常出现在股价长期盘整或下跌后的底部区

域，标志着股价已经完成了筑底过程，进入了一个相对稳固的上升通道。

②碎步上行。在串阳形态中，股价以一种"碎步"的方式逐步上行，每个交易日的涨幅可能并不大，但连续多日的小幅上涨累积起来，就形成了显著的上涨趋势。

③阳线连续。串阳形态要求股价在连续数个交易日（一般三至五个或更多）内都收出阳线，这表明多方力量持续占据上风，推动股价不断向上攀升。

④成交量配合。在串阳形态形成过程中，成交量可能会出现无明显放大和温和放大两种情况，前者说明主力资金已经在一定程度上控制了股价的波动，后者则表明主力可能在低位不动声色地吸纳筹码。

当浪 1 以串阳式上涨开展，对于不同类型的投资者来说，在这一阶段的操作策略也不一样，具体如下：

①短线投资者通过短线交易获取价差利润。对于短线投资者而言，他们追求快速收益，因此，在浪 1 串阳式上涨过程中往往会利用短期连续的阳线通过快进快出的方式进行短线交易，以此来捕捉股价波动带来的差价利润。但需注意设置合理的止损点，以控制风险。

②中长期投资者长线建仓操作。对于中长期投资者来说，浪 1 串阳式上涨是一个不可多得的建仓良机。投资者可以利用这一阶段的良好走势，逐步建仓，为后市可能出现的大幅度上涨做好充分准备。同时，需保持耐心和定力，避免被短期波动所干扰。

4. 浪 1 发生延长

在波浪理论中最容易发生延长的是浪 3，但也不排除延长发生在浪 1 和浪 5 的情况。

在 A 股市场中，浪 1 是市场主力吸筹建仓的阶段，主力常常采用波段式的建仓方法吸收市场筹码。这种波段式的方法就是这里所讲到的浪 1 延长形态所呈现出的股价波段走势。

通常情况下，如果浪 1 发生延长，其后市股价会有很大幅度的上涨，并且上涨持续的时间也会增长，这样的走势更有利于股价五浪上升趋势的认定，投资者可择机积极跟进。

总的来说，无论浪 1 是以何种方式开启，在浪 1 没有完全走出上升形态之前，投资者都最好不要重仓抄底，可以轻仓买进后逐步加仓。对于稳健型投资者来说，可以等待浪 1 形成后，在浪 2 底部买入，更安全。

下面来看一个具体的实例。

实例分析 华塑控股（000509）浪 1 启动买入分析

图 4-4 为华塑控股 2020 年 5 月至 2022 年 10 月的 K 线走势。

图 4-4　华塑控股 2020 年 5 月至 2022 年 10 月的 K 线走势

从图 4-4 中可以看到，该股在 2020 年 5 月 20 日创出 0.92 元的最低价后见底回升。之后经历了一轮清晰的上升五浪，并且浪 3 发生了延长，推动股价走出了一波大幅上涨行情。股价从最低的 0.92 元，上涨到最高的 5.19 元，涨幅超过 464%，可谓是非常巨大的涨幅了。

为什么这个上涨趋势会使股价出现如此大的涨幅呢？这是因为浪 1 的走势为后面的大幅上涨埋下了伏笔。

下面来分析浪 1 是如何开启的。

来看股价见底之前的走势。

图 4-5 为华塑控股 2020 年 3 月至 5 月的 K 线走势。

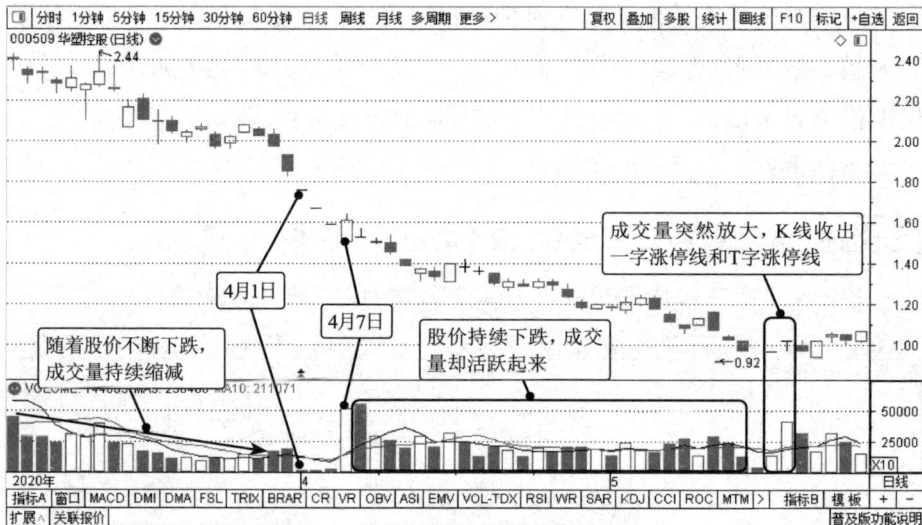

图 4-5　华塑控股 2020 年 3 月至 5 月的 K 线走势

从图 4-5 中可以看到，在 4 月之前，随着股价的不断下跌，成交量呈现出不断缩小的状态，表明市场中愿意买入股票的投资者数量正在减少，同时持有股票并期待价格回升的投资者也倾向于减少交易活动。这反映了投资者对市场的悲观情绪正在加强，市场流动性降低，可能导致股价进一步下跌。

在 2020 年 4 月 1 日，华塑控股的股票交易被实施了退市风险警示，证券简称由"华塑控股"变更为"*ST 华塑"。当日股价直接收出一字跌停 K 线，成交量更是缩出地量。说明市场的悲观情绪加剧，投资者更加谨慎或悲观地看待该股票和公司的未来前景，股票在短期内可能继续面临下跌压力。

这直接导致该股接下来两天都以一字跌停线压低股价，此时成交量继续显示出地量，说明市场卖盘可能枯竭，同时也可能反映出买盘的极度谨慎。

4 月 7 日，该股以跌停价开盘后一直封板，直到尾盘才放出巨大的量能砸开跌停板，最终以 1.26% 的涨幅收阳，说明可能有主力资金看到了"*ST"股票背后的投资机会，开始介入市场。

之后股价持续下跌，但是成交量已经明显活跃起来，说明主力在通过压低股价的方式在低位收集筹码，行情大概率离底部不远了。

5 月 20 日，该股再次以地量成交的方式收出一字跌停线，创出 0.92 元的最低价，说明在前期的这一波下跌过程中，愿意卖出的投资者已经大多完成了抛售，市场上的卖盘相对枯竭。

次日该股便放量收出一字涨停线，第三日更是放出巨大的量能收出 T 字涨停线，显示出有大量资金涌入市场。做多势力在聚集，行情可能发生逆转，并且以强势的方式开启上涨。

下面放大浪 1 来分析浪 1 是如何开启的。

图 4-6 为华塑控股 2020 年 5 月至 8 月的 K 线走势。

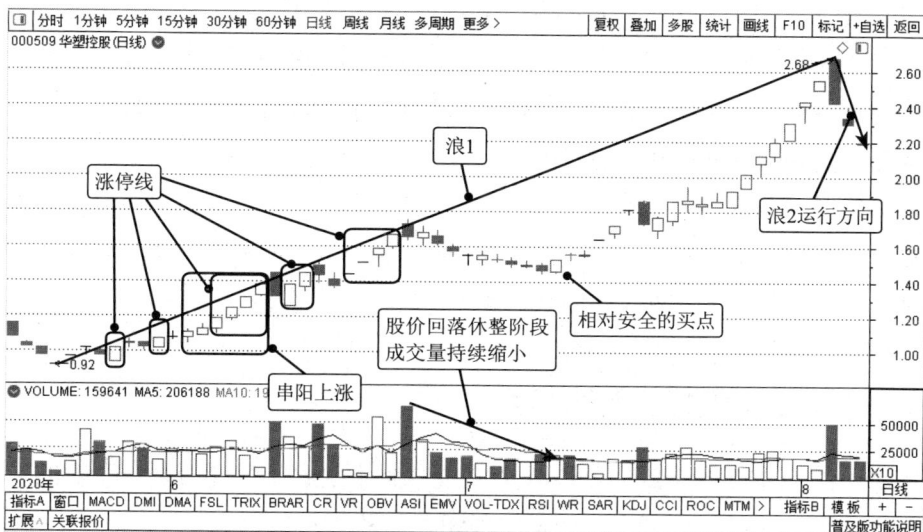

图 4-6 华塑控股 2020 年 5 月至 8 月的 K 线走势

从图 4-6 中可以看到，在 5 月 20 日创出 0.92 元的最低价后，该股在收出一字涨停线和 T 字涨停线后短暂停留了一个交易日，而后继续收出涨停 K 线，接着再次停留两个交易日后同样收出一根涨停阳线。

从 5 月下旬的走势来看，此时行情反转向上的趋势已经初步形成，而且整个拉升过程中多以涨停线推动股价上涨，说明行情出现强势的逆转，激进型投资者可以选择轻仓买入一部分。

进入 6 月后，该股连续收出六根阳线，形成串阳式的上涨，这是一个重要的底部确认与上涨启动信号，更加确认了浪1的启动。并且在这六根阳线中，后面四根阳线都是涨停线，直接将股价推涨到1.40元价位线附近。短短时间内，股价从0.92元上涨到1.40元，涨幅超过52%，说明了浪1的爆发式上涨。

以这种方式上涨的浪1，其后的涨幅都不会太小，投资者可密切关注该股快速上涨后的休整走势，从中寻找相对安全的买入时机。

6月中旬，该股在1.40元价位线上窄幅波动，期间再次收出两个涨停线，最终在连续涨停的推动下突破1.40元的价位线结束波动，并将股价推向1.80元价位线下方创出新高。

随后，该股出现缓慢下跌的休整，整个下跌过程中，成交量急速缩小，最终股价在7月上旬于1.40元价位线上方止跌，完成休整。此时的上涨趋势更加清晰，而股价完成休整的止跌位就是一个相对安全的买入位置，前期未买进的投资者此时可择机买进，对于场内的中长期投资者而言，此时可以根据自己的操作策略进行加仓操作。

从后续的涨势来看，股价又经历了一波良好的上涨，从1.45元价位线附近上涨到浪1顶部的2.68元，涨幅约85%，即使在股价休整结束后买入的投资者，短期持有后卖出，也可以获得不错的收益。

4.2　浪2回调，清理浮筹

在经过浪1的上涨后，此时场内会聚集不少套牢盘和短期获利盘的抛压，因此，在浪1之后，行情会出现回落调整的走势。

这个回落调整就是浪2，只有经历了浪2的调整，清理掉场内的浮筹，才会减轻后市拉升的压力，为股价继续上涨创造更有利的条件，后市才能有更大的涨幅。因此，抓住浪2的末端，也是一个不错的买入位置。

4.2.1　浪2回调形态的四种类型

要抓住浪2的末端，就要了解浪2回调的形态有哪些。通常，浪2的回调有四种，分别是平台形回调、三角形回调、锯齿形回调和单浪下跌回调，各种回调类型的形态在本书第1章已经介绍过了，这里具体介绍这些类型的回调在浪 2 阶段出现时的市场意义，以便帮助投资者更好地对当前的回落进行分析。相关说明见表 4-1。

表 4-1　浪 2 回调形态市场意义说明

浪 2 回调形态	市场意义
平台形回调	浪 1 上涨的幅度有限，说明市场中的抛压沉重，主力为了收集更多的筹码，减轻拉升阻力，通常浪 2 的回调便以相对温和的平台形回调展开。平台形回调又有简单平台形回调和复杂平台形回调之分，具体介绍如下： ①简单平台形回调是以经典的下跌三浪组成，只是浪 A 和浪 C 呈现出平行的形态特征，且两者的低位也差距不大。这种形态形成的原因主要是浪 2 欠缺足够的力量下行。 ②复杂平台形回调是由多个简单平台形回调组合形成的（多由两个或三个平台形回调组合形成，又分别称为双重平台形回调和三重平台形回调），这种长时间的复杂平台形回调形态是对前期股价充分整合的过程。许多投资者都经不起这种长时间平台整理的考验，持股意志最终被主力消磨掉
三角形回调	从理论上来说，三角形回调也是对股价上升的修整，它在浪 2 阶段是可能出现的。但是，由于浪 2 是浪 1 的疲惫小休息，因此，在 A 股中，浪 2 以三角形的形态进行回调整理的情况相对来说比较少（这种调整在浪 4 的阶段出现得比较多）
锯齿形回调	锯齿形回调又称之字下跌回调或曲折形回调，通常情况下，这种回调的调整幅度在所有的回调类型中属于调整较深的一种，其调整幅度通常是前一波推进浪整个幅度的 50% 至 61.8%。但如果前一波推进浪是浪 1，主力在持有足够筹码的前提下，也会在浪 2 以锯齿形回调形态清理浮筹。 在实际的行情走势中，锯齿形回调也可能发生多次（一般以两个或三个锯齿形回调组合形成，这种组合又分别称为双重锯齿形和三重锯齿形），特别是在第一个锯齿形回调没有达到正常目标的时候更容易出现
单浪下跌回调	虽然单浪下跌回调是相对简单的形态，但是往往最凶险的下跌也出现在这种下跌走势中，这主要是由于浪 1 上涨幅度比较大，主力才会采取这种单浪下跌的清理浮筹手法。 这里单浪的下跌幅度就是在第 3 章中介绍的浪 2 回调幅度的第 3 种情况，即回调接近浪 1 的底部位置，进一步确定浪 1 的底部。 虽然浪 2 下跌的程度差不多接近浪 1 的底部位置，但这里的清理浮筹行为也是有必要的，它为后市打开了一片更为广阔的天空

4.2.2 不同回调幅度的浪 2 交易策略

浪 2 回调的形态有多种，这些形态导致浪 2 回调的效果可以分为两种，分别是浪 2 轻度回调和浪 2 重度回调。面对浪 2 的这两种回调幅度，投资者又应该采取什么样的交易策略来进行应对呢？下面分别进行介绍。

1. 浪 2 轻度回调交易策略

浪 2 的轻度回调指的是股价在浪 2 阶段出现了小幅回调的走势特点。投资者可以从以下三个维度来深入理解这一现象，并据此制定对应的投资策略。

①修正与蓄势。浪 2 的下跌是对之前浪 1 上涨趋势的自然修正，虽然短期内股价可能出现回落，但从长远来看，这是市场在为后续的上涨蓄积力量，整体趋势依然向上。

②上涨确认。浪 2 的轻度回调不仅不是上涨趋势的终结，反而可以视为对浪 1 上涨走势的进一步确认。它表明市场虽有短暂犹豫，但上涨动能依然强劲。

③动力充足。浪 2 的回调力度温和，显示出股价背后的上涨动力较为充足。这种回调往往不会引发深度或长期的下跌整理，而是为新一轮上涨创造更坚实的基础。

面对浪 2 作出的轻度回调，对于已经在浪 1 阶段买入的中长线投资者而言，此时应保持冷静，不必急于卖出股票以规避短期波动。相反，应继续持有，耐心等待市场完成调整并开启新一轮上涨。

而对于前期未参与市场、错过浪 1 上涨的投资者而言，浪 2 的轻度回调提供了一个相对低风险的入场机会。通过观察浪 2 的回调形态，一旦确认回调结束且市场有重启上涨的迹象，便可择机买入，然后持股等待后续的上涨。

需要特别强调的是，虽然浪 2 回调通常较为温和，但投资者仍需保持警惕，密切关注市场动态。建议设定合理的止损点，以控制潜在风险。同时，结合其他技术指标和市场信息，综合判断市场走势，作出更为精准的投资决策。

下面来看一个浪 2 轻度回调的实例。

实例分析 华媒控股（000607）浪 2 轻度回调买点位置分析

图 4-7 为华媒控股 2021 年 7 月至 2022 年 4 的 K 线走势。

图 4-7　华媒控股 2021 年 7 月至 2022 年 4 的 K 线走势

从图 4-7 中可以看到，该股在 2021 年 7 月上旬运行到 3.50 元价位线上方后止跌，7 月底，股价连续收阴跌破该价位线的支撑后在 28 日创出 3.28 元的最低价后企稳回升步入上涨行情，在浪 1 的步步推进作用下上涨到 4.00 元价位线附近后见顶回落，浪 1 结束。

随后浪 2 回调，整个调整幅度较小，此时前期浪 1 抄底介入的长线投资者仍可继续持有股票，并关注浪 2 走势，在浪 2 末端根据自己的操作策略执行加仓操作。而还没入场的场外投资者此时也可以在浪 2 末端择机买入股票。

浪 2 回调结束后迎来了这轮上涨的主升期浪 3，而且浪 3 是以次一级的五浪结构组成（见图 4-7 中的虚线标注走势）。经过一轮完整的上升五浪模式后，该股最高上涨到 7.40 元。从浪 2 回调末尾的 3.50 元左右，到最高的 7.40 元，涨幅超过 111%。

那么，投资者要如何把握浪 2 回调，并在回调结束位置及时发现起涨点，进而执行买入操作呢?

下面放大浪 2 前后的走势来进行分析。

图 4-8 为华媒控股 2021 年 7 月至 11 月的 K 线走势。

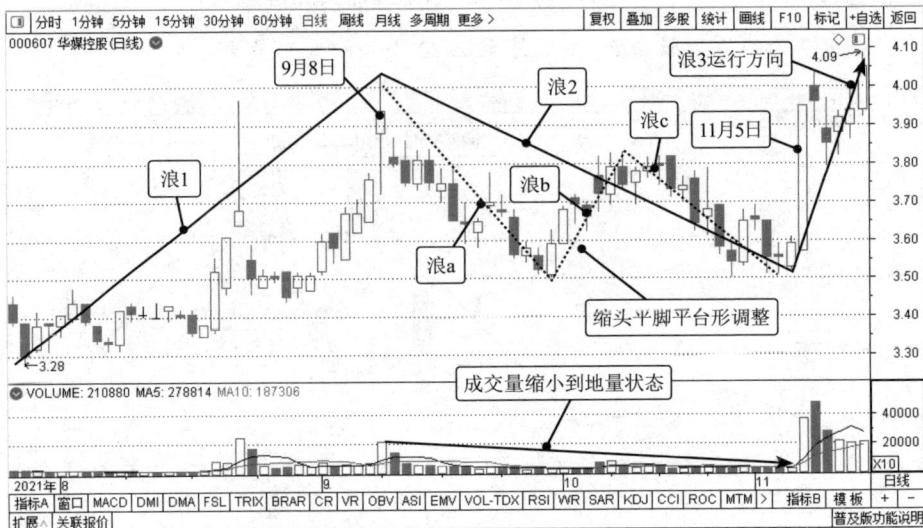

图 4-8　华媒控股 2021 年 7 月至 11 月的 K 线走势

从图 4-8 中可以看到,浪 1 经过一波拉升后在 9 月 8 日越过 4.00 元价位线后滞涨,次日该股大幅跳空低开收阴拉低股价开启浪 2。

随着股价的不断下跌,该股在 9 月底运行到 3.50 元价位线后止跌,之后股价企稳回升,但是在上涨到 3.80 元价位线后便滞涨,短暂横盘数日后再次下跌,最终在 10 月底运行到 3.50 元价位线后再次止跌,说明 3.50 元价位线是一个强有力的支撑位。从整个浪 2 的走势来看,此时形成了缩头平脚平台形调整。

另外,在整个平台形调整过程中,成交量在快速缩小后持续保持地量状态,此时就要引起投资者的注意了。当股价再次在 3.50 元价位线止跌时,就意味着调整即将结束,激进型投资者可以在此位置买入或加仓。稳健型投资者可继续等待,并做好买入准备,在上涨确认后买入更安全。

11 月 5 日,该股以 3.57 元的价格小幅低开后将股价拉升到 3.64 元下方横线震荡,最终在 10:30 左右放量拉升股价,股价在打到涨停板后封板交易,当日以 10.03% 的涨幅收出涨停大阳线直接突破缩头平脚平台形调整的浪 b 顶端。

由此说明浪 2 结束，浪 3 开启，此时就是一个相对安全的买点，但是当日由于涨停后就封板交易直到收盘，因此当日是很难买入的，投资者可在次日开板交易后择机买入或加仓。

2. 浪 2 重度回调交易策略

浪 2 重度回调走势作为股价在上升周期中的自然调整阶段，其显著的特征在于其深幅且迅猛的下跌态势，常表现为锯齿形回调或单浪回调。浪 2 重度回调不仅是市场对前期上升趋势的合理修正，更是对浪 1 底部坚实支撑能力的严峻考验。

因此，在面临浪 2 重度回调时，投资者必须高度重视，前期入场的持仓者和场外的潜在入场者，可采取的操作策略建议如下：

（1）前期已经入场持仓者的操作策略

对于前期已经入场的持仓者来说，此时一旦发现股价在浪 2 阶段出现明显的加速下跌迹象，投资者应立即关注市场动态，评估下跌的力度与持续性。

同时，利用其他技术分析工具（比如均线、MACD 等）辅助判断趋势是否真正转弱。并根据个人的风险承受能力，提前设置合理的止损点，当股价回调下跌触及或跌破该止损点时，要及时卖出股票或是减仓降低风险。

（2）场外潜在入场者的操作策略

对于还未入场的潜在入场者来说，在浪 2 重度回调期间，要保持耐心，等待明确的市场信号。只有当股价经历充分回调后，才开始显现企稳迹象，并伴随成交量的放大，特别是当股价有效突破浪 1 顶部时，方可视为较为安全的入场时机。

因此，在这一阶段，建议潜在入场者采用分批建仓的操作策略。也就是说在确认买入信号后，可先轻仓试探性买入一部分持股，再根据后续市场走势逐步加仓。

下面来看一个浪 2 重度回调的实例。

实例分析 常山北明（000158）浪 2 重度回调买点位置分析

图 4-9 为常山北明 2020 年 3 月至 2021 年 7 月的 K 线走势。

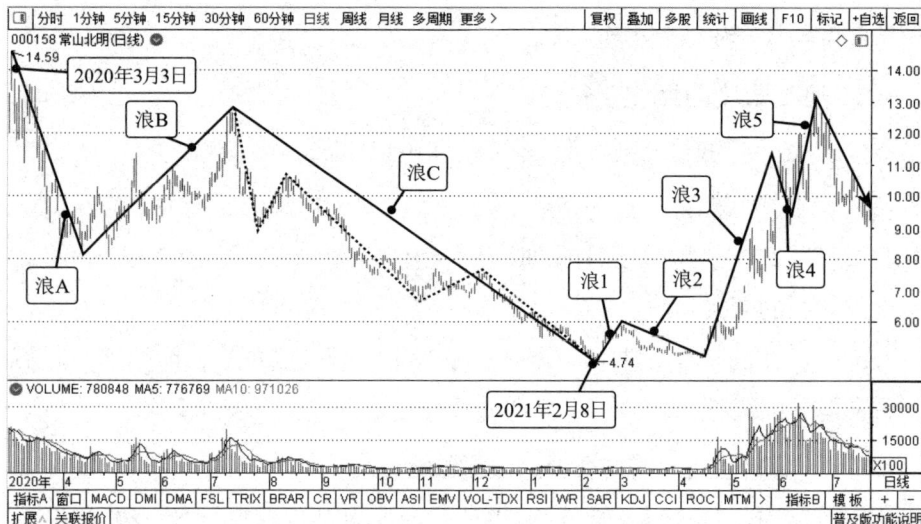

图 4-9　常山北明 2020 年 3 月至 2021 年 7 月的 K 线走势

从图 4-9 中可以看到，该股在 2020 年 3 月 3 日创出 14.59 元的最高价后见顶回落，之后该股经历了一轮清晰的下跌三浪，并且在浪 C 的延长作用下拉长了下跌的时间，加深了下跌的幅度，最终于 2021 年 2 月 8 日创出 4.74 元的最低价后见底，从浪 A 起点到浪 C 终点，跌幅约 68%。

在经过如此大幅的下跌后，该股在 4.74 元企稳回升开启浪 1 上涨，之后在一轮完整的五浪走势下从 4.74 元上涨到 13.00 元价位线上方，涨幅超过 174%。

大多数人在浪 1 阶段还是不能抓住时机介入的，尤其在前面经过一轮长时间的深幅下跌三浪后，浪 1 的判断更难。因此，浪 2 回调底部就是投资者买进的机会。

下面放大浪 2 前后的走势来分析合理的买入时机。

图 4-10 为常山北明 2021 年 1 月至 4 月的 K 线走势。

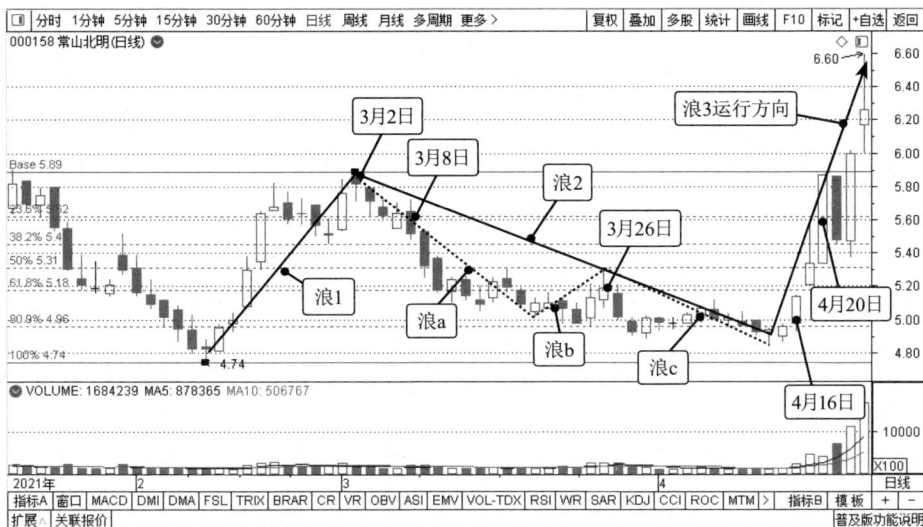

图 4-10　常山北明 2021 年 1 月至 4 月的 K 线走势

从图 4-10 中可以看到，浪 1 启动后展开了一波急速拉升行情，在连续五根阳线的步步推进下上涨到了 5.80 元价位线下方，涨幅超过 22%。之后该股短暂在 5.60 元价位线附近休整后继续上涨，最终在 3 月 2 日创出 5.89 元的阶段高价后见顶。

随后该股步入了浪 2 的回调，从整个浪 2 回调的初期来看，在连续两根阴线的作用下，股价下跌到 5.60 元价位线附近暂时休整。但是在 3 月 8 日，该股开盘后便大幅震荡，很快便一路下跌，当日以 2.30% 的跌幅收出一根中阴线。结合黄金分割线来看，当日股价已经下跌到浪 1 涨幅的 38.2% 位置处。

在接下来的两个交易日中，更是连续收阴拉低股价下跌到浪 1 涨幅的 61.8% 位置处。短短几个交易日，浪 2 回调走出如此巨大的跌幅，表明股价下跌动力十足，因此，浪 2 可能走出大幅度下跌的行情来考验浪 1 底部的支撑，所以，为了降低股价继续下跌带来的风险，投资者应该及时减持或是抛售手中的持股。

从后市的跌势来看，浪 2 在下跌到浪 1 涨幅的 61.8% 的位置后跌势有所减缓，并且还出现了小小的反弹走势，但是这波反弹走势并没有持续多久，最终还是在 3 月 26 日浪 1 涨幅的 50% 位置处受阻，之后股价继续转入回落。

由此可见，浪2大概率会以锯齿形下跌展开，此时的小幅反弹受阻标志着浪b结束，之后会开启浪c，这进一步印证了前期的猜测——浪2会深度下跌。因此场内投资者可以继续减仓，场外投资者则需要继续持币等待浪c的进一步调整。

从浪c的跌势来看，相对于浪a来说缓和了不少，且大部分时间都受到5.00元价位线的支撑，结合黄金分割线来看，此时的5.00元价位线就是浪1涨幅的80.9%位置附近，此时已经非常接近浪1底部了，因此，浪2大概率会在该价位线附近止跌，完成调整，此时投资者可以做好买入进场或加仓的准备。

从后市的走势来看，在4月16日，该股高开后一路震荡拉高，当日以3.63%的涨幅收出一根中阳线，打破了浪c继续下跌的趋势，可以预测浪c大概率已经结束。并且之后股价继续收阳拉升，尤其在4月20日更是收出涨停大阳线，直接上涨到浪2回调的起点位置附近，表明在浪2进行了重度回调下跌之后，浪1的底部得到了考验。

随后该股继续向上拉升，成交量也从前期下跌的极度缩量变为不断放大的形态，从而证明五浪上升趋势的确定性。

对于激进型投资者来说，在4月16日的涨势打破了继续下跌的走势后，就预测浪2回调结束了，并进行了加仓和买进操作。然而对于稳健型投资者来说，在4月20日的涨停大阳线之后，股价继续放量拉高股价突破浪2起点时，也可以放心买入。

4.3　抓住浪3，把握主升浪

在上升五浪中，由于浪3往往是整个上涨过程中涨势最为强劲、涨幅最大的一浪，因此也被称为主升浪，是投资者最值得期待的一浪。投资者只要抓住浪3，即使只操作这一浪，也会获得不错的收益。

下面就来具体介绍如何抓住浪3，从而帮助投资者更好地把握这波主升浪。

4.3.1　浪 3 上涨的形态识别

要想抓住浪 3，投资者首先要识别浪 3 的形态，从形态上来辅助指导操作。虽然浪 3 的上涨形态有很多种，但是其中最常见的形态有两种，一种是延长上涨，另一种是单浪上涨。下面分别对这两种上涨形态进行简单介绍。

1. 延长上涨的浪 3 形态

延长上涨的浪 3 形态是指浪 3 是以延长浪的方式展开的，其内部结构由次一级的上升五浪构成，其示意图在前面章节多次出现，这里就不再展示。

这种上涨形态在浪 3 阶段出现是比较普遍的现象，这主要是由于市场筹码分布的复杂性和主力资金的策略调整所致。

在股市中，主力资金往往难以将所有筹码收集到自己手中，因此，部分筹码会分散到散户或其他机构手中。也正是由于市场参与者的多样性和交易行为的不可预测性，主力资金在推动股价上涨时，持有筹码的投资者（包括主力自身）会逐渐积累起可观的浮盈。这些获利的筹码会随着股价的不断上涨而形成一种抛压。

主力为了应对这种抛压，尽可能地降低这些抛压在后市继续推高股价的过程中对拉升造成的阻力，会在浪 3 阶段采取边拉边洗的策略，通过延长浪 3 的上涨时间，以此来逐步清洗市场的浮筹。这一策略就使得浪 3 在运行过程中形成延长上涨形态。

2. 单浪上涨的浪 3 形态

单浪上涨浪 3 形态是指浪 3 呈现出单边上涨的形态，当股票满足以下四个条件后，浪 3 就有可能走出单浪上涨形态。

①浪 1 的拉高建仓完成得比较好。

②浪 2 的回调比较适当。

③浪 3 有成交量的配合。

④股价不破 5 日均线。

如果浪 3 出现这种单浪上涨形态，通常会让股价迅速走高，并且常出现翻倍的行情，其示意图如图 4-11 所示。

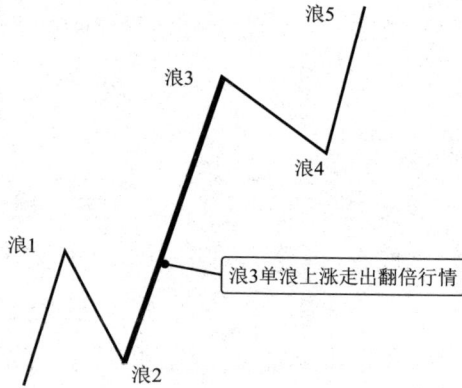

图 4-11　单浪上涨形态的浪 3 示意图

在实际行情中，呈直线单边上涨的浪 3 很少。大多数情况下，浪 3 的单浪上涨，在上涨途中都会出现一次或多次的休整，其目的是为后市更好地拉升，其示意图如图 4-12 所示。

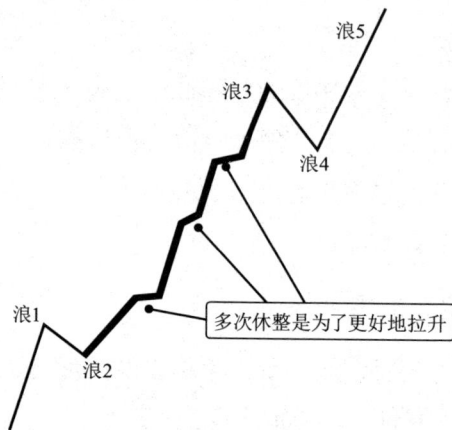

图 4-12　浪 3 单浪上涨过程中有短暂的休整

4.3.2　浪 3 的不同上涨形态进场时机分析

要抓住浪 3，除了在浪 2 末端买进以外，其实更安全的操作是在浪 3 启动后买进，这就要求投资者能够分析出浪 3 启动，其中有一个比较重要的分析指标就是成交量，因为股价要上涨，必定有成交量的放大支撑，但是这个放大又分为不同的情况。

①如果浪 3 是以小量能拉升开启，并且股价也呈现出温和上涨的形态。这个时候，投资者不能完全依赖于成交量的放大来进行盲目操作，而是应该根据成交量的放大情况进行分批次的入场操作，以规避入市后股价继续下跌带来的风险。

②如果浪 3 是以大量能拉升开启，尤其是以巨幅放量的形态拉升股价急速上涨，此时投资者可积极买入做多，持股待涨。

除了成交量指标，投资者还要结合浪 3 的上涨形态来进行分析，从而确定更合适、更稳妥的进场时机。下面分别介绍延长上涨形态和单浪上涨形态的浪 3 进场时机。

1. 延长上涨形态浪 3 的进场时机分析

如果浪 3 发生了延长，且在次一级的小浪①与小浪②相继完成后，股价在成交量的逐步放大下能够稳健地回升至小浪①或前期浪 1 的顶部，此时显示出的是市场强烈上涨的意愿与潜力，这标志着一个极为有利的买入信号出现了。此时就是投资者抓住浪 3 买进的良好契机。

如果股价在回升至小浪①或前期浪 1 附近时是以跳空缺口的形式强势突破这个阻力位，或是伴随着成交量的显著放大实现突破，这不仅是浪 3 涨势强劲的直接证据，更预示着后续上涨空间广阔，涨势有望持续且显著。在此情境下，投资者更可采取买入行动，以抓住这波主升浪。

下面来看一个具体的实例。

实例分析　贵州轮胎（000589）浪 3 延长上涨形态进场时机分析

图 4-13 为贵州轮胎 2020 年 2 月至 2021 年 4 月的 K 线走势。

图 4-13　贵州轮胎 2020 年 2 月至 2021 年 4 月的 K 线走势

从图 4-13 中可以看到，该股在 2020 年 2 月 4 创出 3.60 元的最低价后企稳回升步入上涨行情。

浪 1 持续的时间不长，在经过一个月左右的震荡上涨走势后，最终在 4.50 元价位线下方受阻结束上涨。

之后便进入了浪 2 的缩量回调，从整个浪 2 走势来看，虽然前期下跌速度较快，但是在跌破 4.00 元价位线后很快又拉回到了 4.00 元价位线，之后便在该价位线上下长时间横盘整理，直到 4 月底浪 2 才结束调整。

随后该股在放量拉升的推动下，开启了浪 3 上涨。从实际的走势来看，浪 3 从 3.80 元价位线附近开始，在延长浪的推动下，最高上涨到 8.00 元价位线上方，仅这一浪，股价就出现翻倍行情。如此巨大的上涨，投资者如何分析买入时机，把握住这波涨幅呢？

下面放大浪 2 阶段和浪 3 初期的走势，看浪 3 是如何启动的。

图 4-14 为贵州轮胎 2020 年 3 月至 7 月的 K 线走势。

从图 4-14 中可以看到，浪 2 是以平台形调整展开的，整个浪 2 阶段，成交量不断缩量，说明主力资金清理浮筹有效。

在 4 月底，股价创出 3.73 元的最低价后标志着浪 2 结束。随后，伴随成交量的缓慢放大，股价被拉升开启浪 3。但是从整个拉升来看，呈现出震荡上涨走势，股价在突破 4.10 元价位线后滞涨缩量回落。

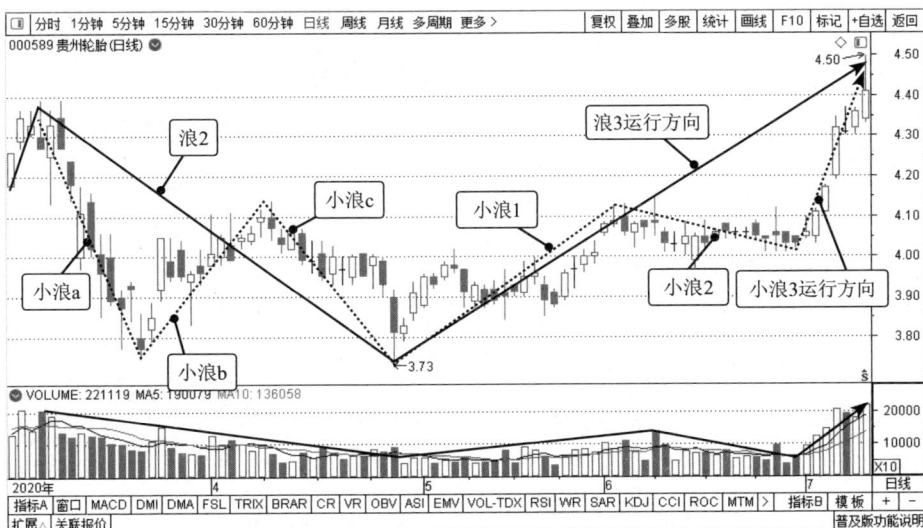

图 4-14　贵州轮胎 2020 年 3 月至 7 月的 K 线走势

这波回落的幅度不大，股价多次在 4.00 元价位线获得支撑，说明这里有较强的支撑力，但是整个上升趋势已经比较清晰，可以进一步确定浪 3 启动，从整个浪 3 的涨势来看，此时涨幅并不大，说明浪 3 大概率可能走出延长形态。

此时，场外投资者可以在之后成交量缓慢放大，股价连续收阳突破小浪 1 顶部位置时择机买入。对于场内投资者来说，此时也可以根据自己的操作策略进行加仓。

下面继续加入浪 3 的走势来分析更加稳妥的买入时机。

图 4-15 为贵州轮胎 2020 年 3 月至 8 月的 K 线走势。

从图 4-15 中可以看到，随着小浪 1 与小浪 2 相继完成后，该股在成交量温和放大的配合下连续收阳将股价拉升至小浪 1 顶部附近后继续放量拉升。说明市场中的做多动能正在逐步增加，后市继续看涨。

7 月 14 日，该股开盘即放量涨停，最终以一根 T 字涨停线跳空强势突破前期浪 1 顶部，这更加显示出市场强烈上涨的意愿与潜力，此时一个极为可靠的买入信号出现了。

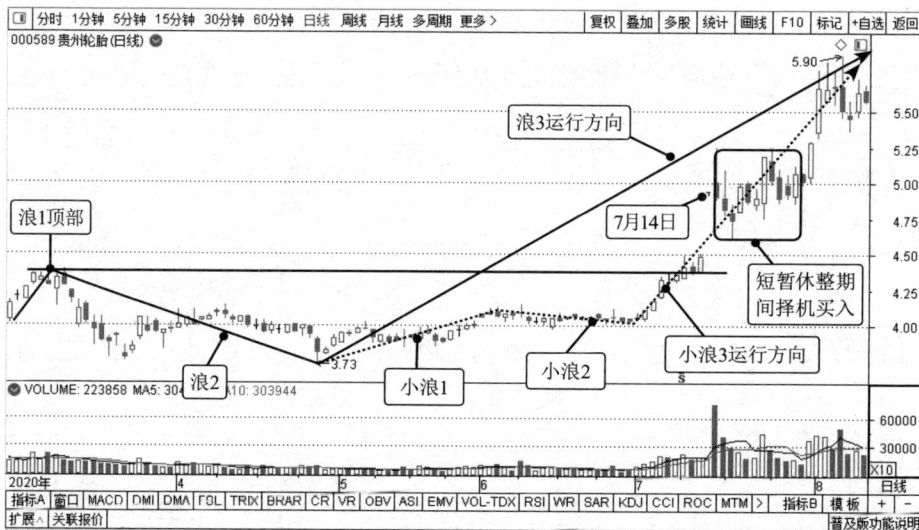

图 4-15 贵州轮胎 2020 年 3 月至 8 月的 K 线走势

由于当日几乎都是封板交易，投资者能够买进的可能性不大，因此，可以在次日开板交易或是在后期短暂休整期间择机买入，虽然持股成本相对于小浪 1 顶部买入成本会高一些，但是这里买进的可靠性也更高，操作相对更安全。并且同样能够抓住浪 3 这波主升浪的大部分上涨时期，从而获得不错的涨幅收益。

2. 单浪上涨形态的浪 3 进场时机分析

浪 3 是在前面浪 1 和浪 2 的基础上产生的主推动浪，其潜力巨大。只要浪 1 与浪 2 的构建稳固，为市场奠定了良好的支撑与调整基础，那么浪 3 的走势便极有可能展现出强劲而持续的上涨态势，形成一轮引人注目的暴涨行情。

图 4-16 为沈阳化工（000698）2020 年 5 月至 8 月的 K 线走势，从图 4-16 中可以看到，该股在 7 月 2 日以涨停大阳线开启浪 3，之后连续出现一字涨停 K 线和 T 字形 K 线，短短十几个交易日就完成了浪 3 的拉升，股价从 3.00 元价位线附近，上涨到 8.00 元价位线以上，涨幅约为 167%。整个浪 3 走出了一波可观的单浪上涨暴涨行情。

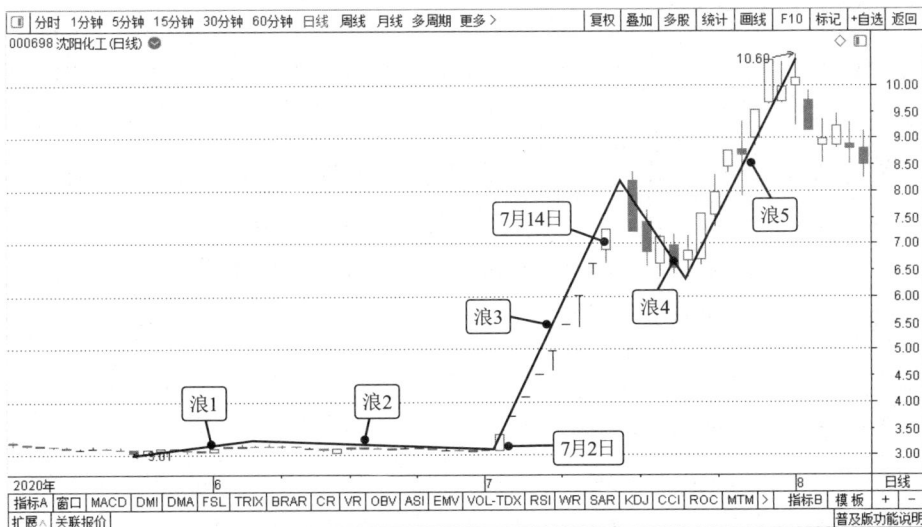

图 4-16　浪 3 单浪连续涨停板劲升

但是，针对这波走势，投资者是很难找到买入机会的。

下面结合 7 月 2 日浪 3 启动当日的分时走势来进行分析，如图 4-17 所示。

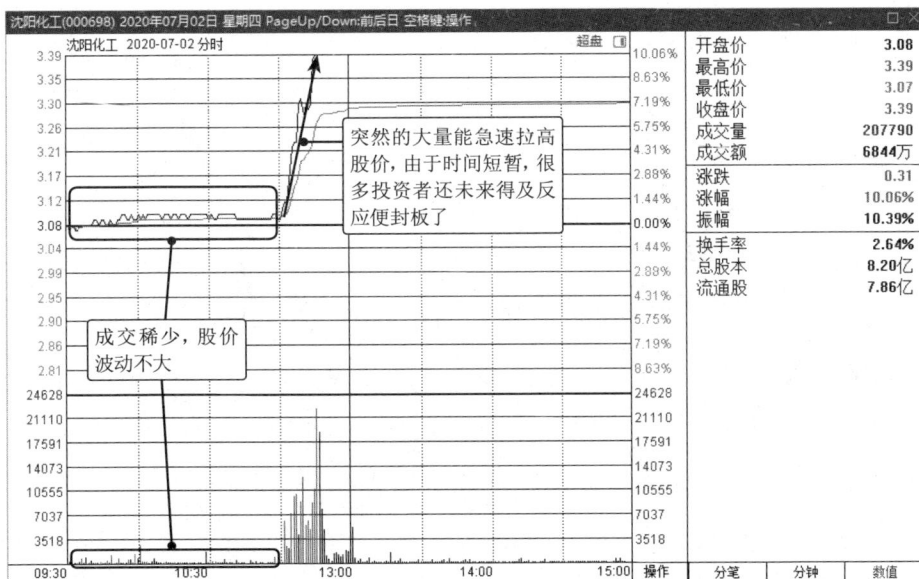

图 4-17　沈阳化工 2020 年 7 月 2 日的分时走势

从图 4-17 中可以看到，在 11:00 之前，成交稀少，股价走势平淡，基本维持在很小的一个范围内窄幅波动，但是在 11:00 之后，成交量突然放出大量能，股价也被急速拉升打到涨停板后封板，由于整个时间比较短，很多投资者还没有来得及反应，因此很容易错失这个拉升的进场时机，而在之后连续的涨停拉升中，投资者更是几乎找不到买进时机。

虽然在 7 月 14 日股价多次打开涨停板，出现买入时机了，但是这波上涨已经被拉得太高了，从浪 3 的走势来看，此时已经出现在了浪 3 顶部附近，即使买进，意义也不大了。因此，对于这种强劲的单浪走势，普通投资者是不容易把握的。

其实，在实战行情走势中，很多强劲的浪 3 单浪走势还是给投资者留下了足够的进场时间。这是因为在一些浪 3 前期的走势中，面对前面浪 1 的高点并没有选择回避，而是比较强势地突破，这就给了后市一个坚定的信心。

但是在浪 3 强势突破浪 1 顶部后，市场会回踩巩固。通常，股价在回踩时不破浪 1 顶部就受到了支撑重拾升势；即使股价回踩跌破了浪 1 顶部，也会很快被拉起，其示意图如图 4-18 所示。

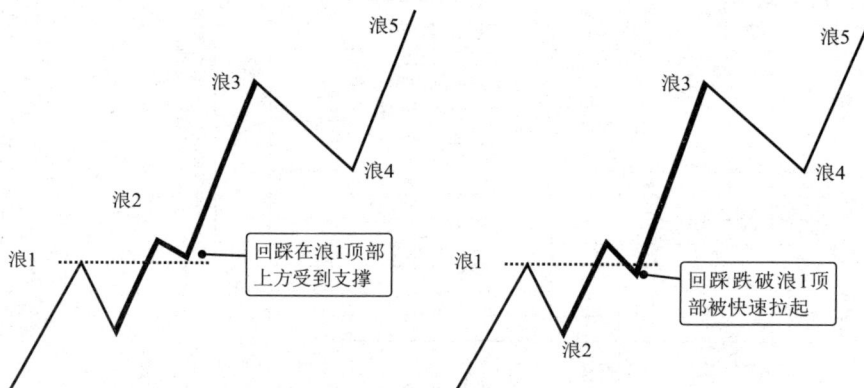

图 4-18　突破浪 1 顶部区域，利用回调入场

这一回调的展开是为了后面浪 3 走出更大的行情。而这一回调也给足了投资者买进的时间，投资者此时就要根据自己的操作策略择机买进追涨。

但是，在浪 3 阶段出现显著的单浪暴涨行情后，市场往往会迎来顶部并转入浪 4 的回调阶段。

为了有效规避浪 4 可能带来的不确定下跌，投资者在捕捉到行情劲升势头减弱的信号后，就要及时卖出股票，从而锁定浪 3 暴涨阶段获取的收益，并安全地规避接下来的市场回调风险。

下面来看一个具体的实例。

实例分析 **供销大集（000564）浪 3 单浪上涨形态进场时机分析**

图 4-19 为供销大集 2020 年 2 月至 6 月的 K 线走势。

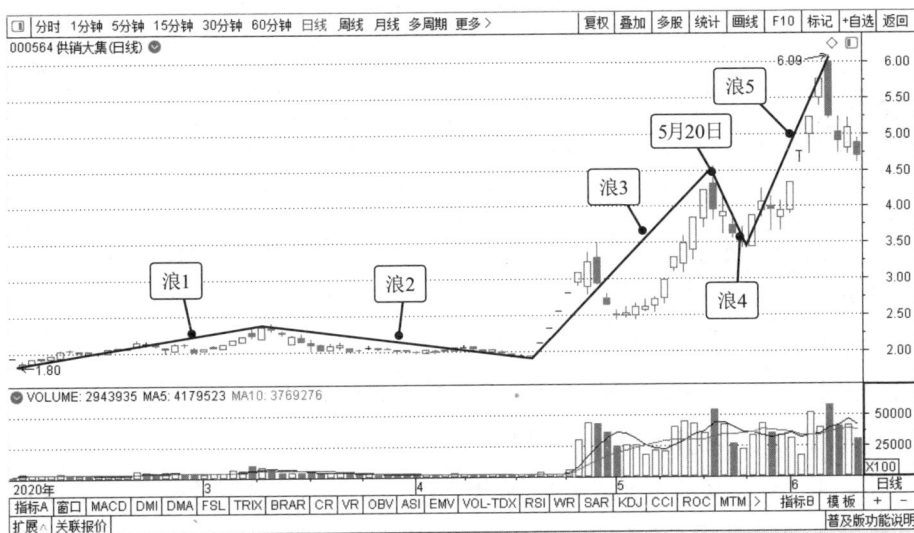

图 4-19　供销大集 2020 年 2 月至 6 月的 K 线走势

从图 4-19 中可以看到，该股在 2020 年 2 月 4 日创出 1.80 元的最低价后企稳回升步入上涨，在一轮上升五浪的推动下，股价最高上涨到 6.09 元，涨幅超过 238%。

在整个上升五浪走势中，浪 3 出现强劲上升的走势特点，股价在 4 月下旬从 2.00 元价位线附近开始，最高上涨到 5 月 20 日的 4.55 元，也出现了翻倍上涨的行情。

对于这波劲升浪 3，我们应该如何抓住呢？下面放大浪 2 和浪 3 的走势来进行分析。

图 4-20 为供销大集 2020 年 3 月至 5 月的 K 线走势。

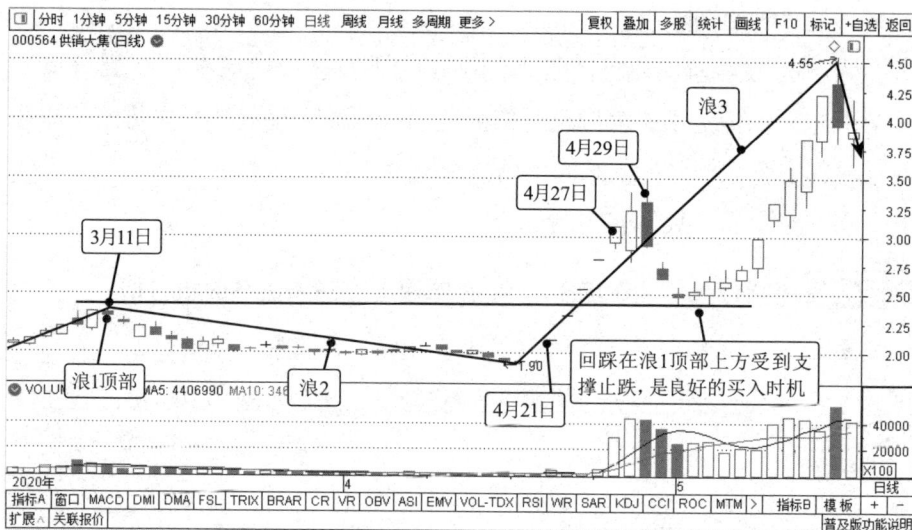

图 4-20 供销大集 2020 年 3 月至 5 月的 K 线走势

从图 4-20 中可以看到，浪 1 在 3 月 11 日上涨到阶段性的高位后止涨回落开启浪 2 调整。从浪 2 的调整幅度来看，不算太大，股价在回调到 2.00 元价位线附近后在该价位附近窄幅横向波动，整个横向整理时间持续了近两个月，在整个调整过程中，成交量几乎呈现地量状态，说明主力这一波浮筹清理得比较彻底，这就为浪 3 的大幅上涨做足了准备。

4 月中旬，该股创出 1.90 元的低价后短暂横向整理两个交易日后便在 4 月 21 日开盘放出一笔巨量将股价打到涨停板后封板，当日收出一字涨停线强势开启浪 3。

之后的几个交易日，该股都是在开盘便放出巨量将股价打到涨停板后封板，几乎是以很少的成交量就将股价拉高突破浪 1 顶部，这说明了通过前面的走势，大部分筹码都集中到了主力手中，此时只需要很小的成交量便可以使得股价走出一波强势的暴涨行情，在这几个交易日中，投资者几乎没有操作机会。

4 月 27 日，股价开板交易也是以涨停板收盘，随后在 4 月 29 日，股价在触及 3.50 元价位线后出现了连续的跳空收阴拉低股价的走势，跌势看起来比较急促，但是最终在下跌到 2.50 元价位线时便止跌，从止跌位来看，是在浪 1 顶部上方，因此，可以将这里的回落看作是股价强势突破浪 1 顶部后的正常回抽，且股价回抽不破浪 1 顶部便获得支撑止跌，由此可以判定该股后市还有一波较强的拉升行情。因此，投资者可以在止跌位择机买入跟进追涨。

从后市的走势来看，该股连续收阳拉升股价，并且多次出现涨停阳线，一步步将股价从 2.50 元价位线拉升到 4.55 元的高位。仅此一段，涨幅十分可观，几乎抓住了浪 3 主升浪的大部分涨幅收益。

4.4　浪 4 回调，结合实际灵活操作

浪 4 作为上升五浪中的第二个调整浪，在面对这一浪时，要在回调初期及时卖出，以锁定浪 3 阶段获取的涨幅收益。同时还要注意在浪 4 末端一定要根据自己的操作策略谨慎买入。毕竟此时股价已经上涨到了一定的高位，后面浪 5 是否能够走出一波可观的上涨，是无法预知的，在实战中投资者要根据个股的实际走势情况灵活分析与操作。

4.4.1　浪 4 回调的常见形态

由于浪 4 也是调整浪，在上升五浪中的作用与浪 2 的作用一样，都是对前期上涨的一种正常休整，因此对于浪 2 的一些基本形态，也适用于浪 4，即其常见形式有单浪回调、锯齿形回调、平台形回调和三角形回调，其示意图如图 4-21 和图 4-22 所示。

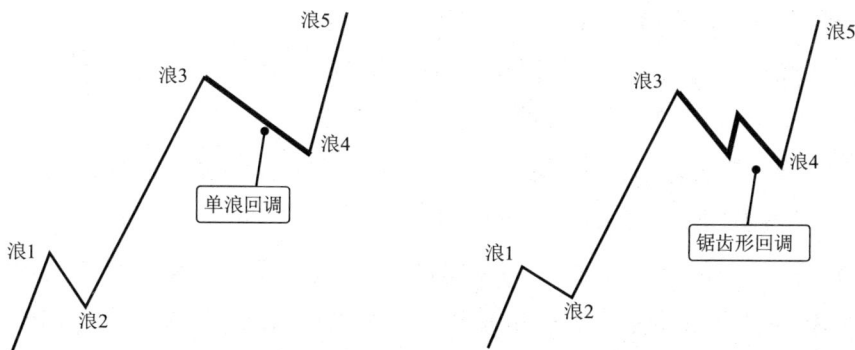

图 4-21　浪 4 单浪回调和锯齿形回调示意图

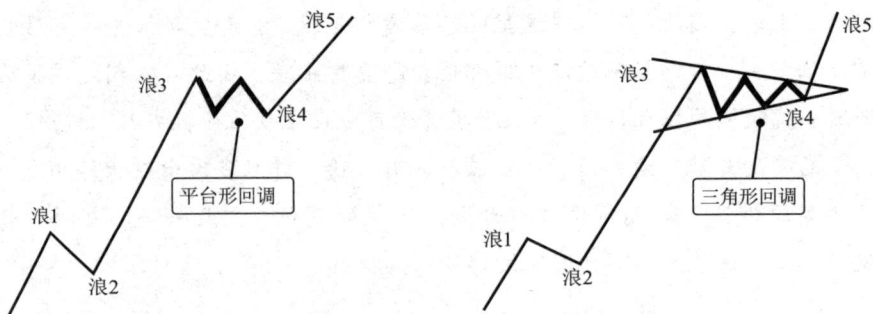

图 4-22　浪 4 平台形回调和三角形回调示意图

4.4.2　浪 4 回调走势分析实战

无论浪 4 以何种形态展开回调，但是从下跌的幅度来看，与浪 2 一样，浪 4 只会出现两种走势，分别是轻度回调走势和重度回调走势。下面分别对这两种回调走势进行分析。

1. 浪 4 轻度回调走势分析

浪 4 轻度回调是指在这一阶段股价的下跌幅度相对较小，呈现出一种较为温和的修正态势。这种回调通常表明市场上涨的动力在浪 3 中得到了有效释放，但这股力量在浪 4 阶段并未完全消散，因此，浪 4 的下跌并未对整体上升趋势构成严重威胁。其具体的特点如下：

①回调幅度小。与浪 3 的上涨幅度相比，浪 4 的下跌幅度较为有限，一般在浪 3 的 38.2% 以内。

②对整体上升趋势的良性修正。浪 4 的轻度回调主要是对前期上涨的一种自然修正，旨在清除市场中的浮筹和过热情绪。

③后市值得期待。浪 4 轻度回调后，市场往往能够保持较强的上涨势头，浪 5 有望创出新高。

对于在前期已经买进的场内投资者而言，浪 4 轻度回调不会成为卖出的理由，反而可能是一个加仓的良机。投资者可以利用回调机会，在较低价位根据自己的操作策略继续加仓，等待浪 5 的进一步上涨。而场外的投资者也可以适当买入，追涨浪 5。

2. 浪 4 重度回调走势分析

浪 4 重度回调是指在这一阶段股价出现了大幅下跌，对五浪上升趋势构成了较为明显的修正。这种回调往往伴随着市场情绪的显著变化，投资者信心受到打击。其具体的特点如下：

①回调幅度大。浪 4 的下跌幅度较大，一般会在浪 3 的 50% 至 61.8%。但无论回调幅度多大，其回调低点都不会低于浪 1 顶部，这是波浪理论铁律规定不能破的基本原则。

②上涨动能减弱。经过浪 4 的重度回调后，市场的上涨动能明显减弱，后续浪 5 的上升高度可能受到限制。

③后市走势难以预测。浪 4 重度回调后，市场可能进入更为复杂的调整阶段，浪 5 的顶部可能难以超越浪 3 的顶部或仅略高于浪 3 顶部。

对于前期已经买进的场内投资者而言，面对浪 4 重度回调时，为保护既有收益免受大幅回撤影响，投资者应在浪 4 回调显现初期或趋势确立时，执行卖出操作，以规避风险。

而对于要在浪 4 重度回调后寻求入场机会的场外投资者而言，此时要采取更为谨慎的操作策略。由于浪 5 的上升潜力受限及可能面临的快速见顶风险，建议采取短线持有策略，并密切关注市场动态。

由于影响股价继续上涨的因素有很多，针对以上浪 4 轻度回调和重度回调后股价的涨势只是一般情况下的走势，实战中也可能出现在浪 4 轻度回调后走出一波弱势上涨行情，或者在浪 4 重度回调之后走出一波强劲的上涨行情。

因此，投资者在实战操作中应根据实际情况灵活调整投资策略以应对不同的市场变化，从而确保在复杂多变的市场环境中稳健前行。

那么，如何判断浪 4 是轻度回调，还是重度回调呢？

此时投资者可以从浪 4 和浪 2 在调整形态和调整时间上存在的交替现象来进行判断（相关内容在本书第 1 章已经进行了详细介绍）。在辨别出浪 4 的调整幅度和调整时间后，对浪 4 的操作就显得相对容易了。

下面通过一个具体的实例来进行分析。

实例分析 中交地产（000736）浪 4 回调操作分析

图 4-23 为中交地产 2021 年 11 月至 2022 年 4 月的 K 线走势。

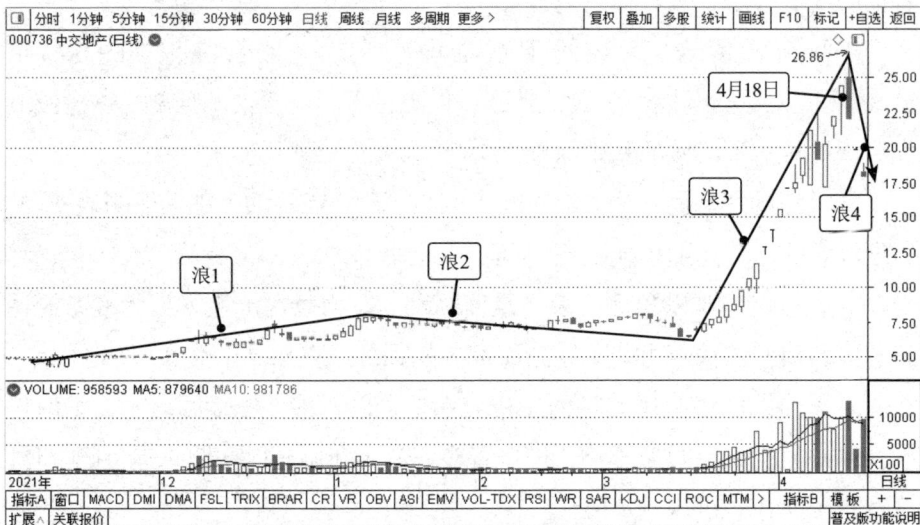

图 4-23　中交地产 2021 年 11 月至 2022 年 4 月的 K 线走势

从图 4-23 中可以看到，该股在 2021 年 11 月上旬创出 4.70 元的最低价后企稳回升步入上涨行情。从整个浪 1 的走势来看，上涨比较温和，经过两个月的震荡拉升后最终在 2022 年 1 月初上涨到 7.50 元价位线出现滞涨，涨幅约 60%。

之后该股开启了浪 2 回调，整个回调幅度不是特别大，几乎在 7.50 元价位线上下窄幅波动，但是持续时间超过两个月，且随着整理的不断持续，成交量不断缩小到地量状态。最终在 3 月中下旬的连续放量作用下结束整理，开启浪 3。

经过浪 1 的温和上涨及浪 2 的充分清理浮筹，使得浪 3 出现一波大幅拉升行情，一个月左右的时间，股价从 6.30 元价位线附近上涨到最高的 26.86 元，涨幅超过 326%，非常可观。在 4 月 18 日，该股冲高回落收出 26.86 元的新高后见顶回落，开启浪 4 回调整理。

由于浪 2 回调的时间相对较长，而跌幅也不是特别大，几乎以平台形调整为主，因此根据交替原则，从理论上来说，预测浪 4 可能在短时间内有一波深幅下跌行情，因此，稳健型投资者此时最好逢高卖出锁定在浪 3 阶段获得的涨幅收益。

下面放大浪 4 前后的走势进行后续分析。

图 4-24 为中交地产 2022 年 3 月至 6 月的 K 线走势。

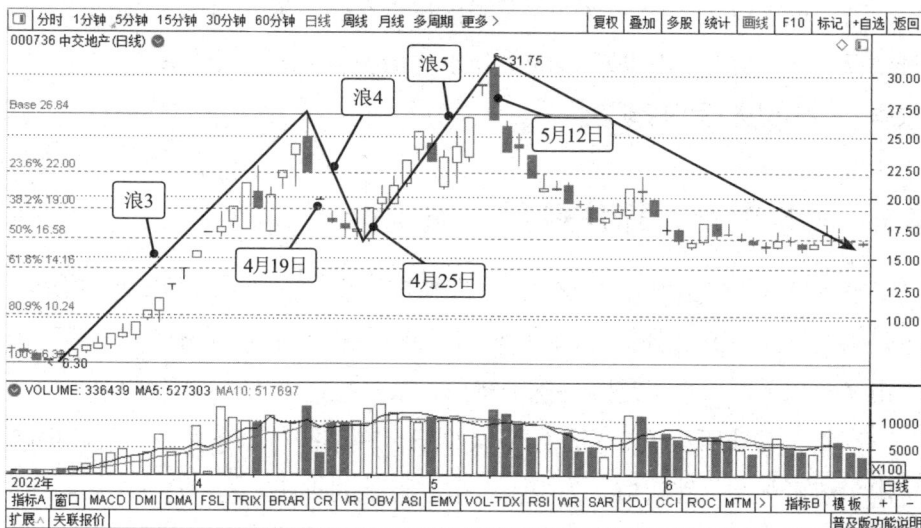

图 4-24　中交地产 2022 年 3 月至 6 月的 K 线走势

从图 4-24 中可以看到，浪 3 结束后，次日（4 月 19 日）便收出倒 T 字跌停线将股价拉低到浪 3 的 38.2% 位置上方。之后股价继续跳空下跌，但是相对来说，跌势开始减缓，最终在浪 3 的 50% 位置处止跌。

4 月 25 日，该股低开后急速拉升，十分钟左右的时间就将股价打到涨停，之后股价虽然开板交易，但是都维持在较高位置震荡，最终以涨停大阳线收盘强势结束浪 4。

从浪 4 的回调来看，持续的时间非常短，只有几个交易日，虽然跌幅已经下跌到浪 3 的 50% 位置，但是结合浪 3 前期多次涨停拉高股价的强势走势，以及浪 4 以涨停大阳线强势止跌，可以预测此时浪 4 的短暂调整只是对前期浪 3 涨势过强的一种良性修正，旨在清除市场中的浮筹和过热情绪，而浪 3

的涨势还未完全消散，因此，这里浪 4 重度回调后的浪 5 还是值得投资者期待的。

此时投资者可根据自身的操作策略在 4 月 25 日之后择机买入，追涨浪 5。从后市浪 5 的走势来看，该股之后连续收阳拉升股价，最终在 5 月 12 日创出 31.75 元后见顶回落步入下跌，从浪 5 启动的 16.50 元价位线附近到最高的 31.75 元，这波行情的涨幅约为 92%，还是算非常不错的了。

通过以上这个实例，也再次说明投资者在面对浪 4 的不同幅度的回调时要保持高度警觉，根据行情的实际走势情况灵活调整投资策略，而不是依据理论知识进行生搬硬套。

4.5　浪 5 上升，抓住最后一波上涨

浪 5 作为上升五浪中的最后一个上涨推动浪，不仅是市场热情的巅峰，也是主力资金普遍选择撤退的节点。其结束往往预示着市场趋势的转变，后市将开启下跌。也正是因为这个特点，很多投资者不敢追涨浪 5。

其实，并非所有浪 5 都注定平淡收场。在某些特定条件下，浪 5 仍能走出一波可观的上涨行情，为投资者带来意外的收获。

下面就来具体介绍什么样的浪 5 才具备操作价值，以及在浪 5 阶段的操作策略有哪些，从而帮助投资者抓住最后一波上涨。

4.5.1　什么样的浪 5 才具备操作价值

要想抓住浪 5 阶段的最后一波上涨，其关键在于投资者需要具备敏锐的洞察力，识别出那些具备投资价值的浪 5 形态与条件。下面分别介绍。

1. 浪 5 最具价值投资的形态

在浪 5 的阶段，主力常常借助这一波浪走势拉高出货。其一般的形态走势有两种情况，分别是单浪推动浪上涨和发生延长，这两种形态也是浪 5 最具价值投资的常见形态。

（1）单浪推动上涨形态

如果前期浪 4 的下跌幅度较急速，且跌幅也比较大，此时浪 5 也可能走出急速拉升的走势，从而与浪 4 的急速下跌形成 V 形底形态，其示意图如图 4-25（左）所示。

这种形态下浪 5 的上涨幅度比较大，而且相对来讲上涨的力度也比较大，是一种比较值得投资的形态。比如上一个浪 4 回调操作分析实例中的浪 5 就是这种情况。

（2）发生延长形态

当浪 1 和浪 3 大致相等时，浪 5 比较容易出现延长的情况，这是一种最具投资价值的形态，如果此时的浪 4 回调幅度很小，浪 5 在延长浪的作用下，可能超过浪 3 的长度，其示意图如图 4-25（右）所示。这种情况下，投资者可以考虑加重仓位。

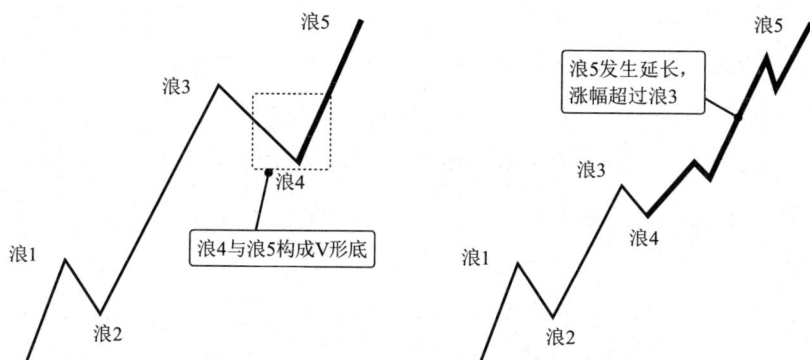

图 4-25　浪 5 最具价值投资的两种形态示意图

2. 浪 5 最具价值投资的条件

要判断浪 5 是否具有投资价值，除了了解其具备价值投资的形态以外，还要考察浪 3 和浪 4 的运行情况，这是浪 5 具有投资价值必须要满足的条件。

（1）考察浪 3 的上涨情况

浪 3 的上涨情况对浪 5 的潜在涨幅具有直接影响。具体而言，若浪 3

已经历了显著的拉升过程，则浪5随后出现大幅度上涨的可能性相对较低；相反，若浪3的上涨空间相对有限，那么预示着浪5可能蕴含着较大的上涨期望与价值，值得投资者期待。

（2）考察浪4的运行情况

浪5作为浪4之后的波动阶段，其走势在很大程度上取决于浪4的运行情况。其中，浪4的温和调整和大幅下跌是两种比较常见的运行情况，其对浪5走势的影响如下：

①浪4温和调整。当浪4以平台形或三角形等温和整理形态进行小幅回调时，这种调整不但没有破坏股价的整体上升趋势，反而巩固了市场信心，锁定了投资者情绪。这往往意味着主力机构正在利用这段时间进行策略调整，等待更有利的时机或消息来推动股价进一步上升。因此，在这种浪4运行状况下，浪5的上涨潜力值得投资者期待。

②浪4大幅下跌。如果浪4经历了一波较大幅度的下跌，那么之后浪5的走势就会变得相对复杂。此时，浪5能否实现大幅上涨，很大程度上取决于浪3的剩余动能。如果浪3的上涨势头强劲，并且在浪4的大幅下跌后依然保持活力，那么浪5有可能出现超跌反弹的情况，从而实现较为显著的上涨。比如在上一个案例中，虽然浪4发生了大幅下跌，但是浪3涨势强劲，且势头并没有在浪4大幅下跌后消散，而是以涨停板强势结束浪4回调，从而孕育了一波大幅上涨的浪5。相反，如果浪3的涨势已经在前期消耗殆尽，那么浪4的深跌后，浪5的上涨动力将会明显不足，其涨幅往往不大，甚至可能无法超越浪3的顶部。

4.5.2 浪5阶段的操作策略解析

在了解了浪5最具价值投资的形态和条件后，下面就来具体看一下在实战中浪5阶段的一些实用性较强的操作策略。

1. 量能不规则放大的操作策略

浪5作为上升行情中的最后一波上涨，投资者要重点关注这一时期的成交量变化。虽然股价的上涨需要成交量的支持，但浪 5 期间的成交量并不会持续放大，而是呈现出不规则的放大特征，这预示着上涨动力的不稳定。当股价无法再创新高，往往预示着浪 5 即将见顶并步入下跌。

同时，如果浪 5 具有可操作的价值，从成交量的角度来看，在浪 4 回调阶段成交量一般不会萎缩到地量水平，而是缩小到接近前期缩量状态的水平。

因此，当浪 4 回调后企稳，且成交量在随后的上涨过程中开始不规则地放大时，就标志着浪 5 开启了，此时投资者就可以根据自己的操作策略择机买入，抓住浪 5 的最后上涨。但投资者需要注意控制风险，警惕见顶信号的出现。

2. 浪 5 尾声快速拉升操作策略

虽然在浪 5 阶段可能走出一波诱人的涨势，但这个阶段毕竟是主力出货的节点。因此，为了达到出货的目的，主力在此阶段常常会采取快速拉升股价的手法，营造出股价上涨动力强劲的假象，从而迷惑散户在高位进场接盘，主力则顺势抛售手中持股，完成出货。

因此，在浪 5 尾声出现快速拉升走势后，对于机警型投资者而言，此时可逢高分批减持手中持股，从而在股价真正见顶前完成清仓操作，虽然可能会损失掉一部分上涨收益，但是这种操作相对安全，能够有效锁定利润并规避后续的见顶风险，因为没有任何一个投资者可以准确预测行情的见顶位置，所以，这样的操作策略也极具价值。

3. 浪 5 延长走势的操作策略

浪 5 发生延长，不仅是股价强劲上涨动力的直观体现，也在一定程度扩展了上涨的幅度和时间，这就为投资者提供了更为丰富的操作契机。

对于前期介入的中长线投资者而言，浪 5 延长走势为其提供了一个更为宽松的出货阶段，使得他们能够在股价持续攀升的过程中，更加精准地把握高位离场的时机，从而扩大投资收益。

对于追涨浪 5 的短线投资者而言，浪 5 延长走势为其提供了多个较好的短线操作区间，投资者通过快进快出的波段操作，可以精准捕捉价格波动，实现快速盈利。

然而，投资者需要特别注意，毕竟此时行情已经步入上涨尾声，操作过程中一定要保持高度警惕，一旦行情变弱，就要及时撤离，以免在市场转向时陷入被动。

下面来看一个具体的实例。

实例分析 **学大教育（000526）浪5最后一波上涨操作分析**

图 4-26 为学大教育 2019 年 1 月至 2020 年 8 月的 K 线走势。

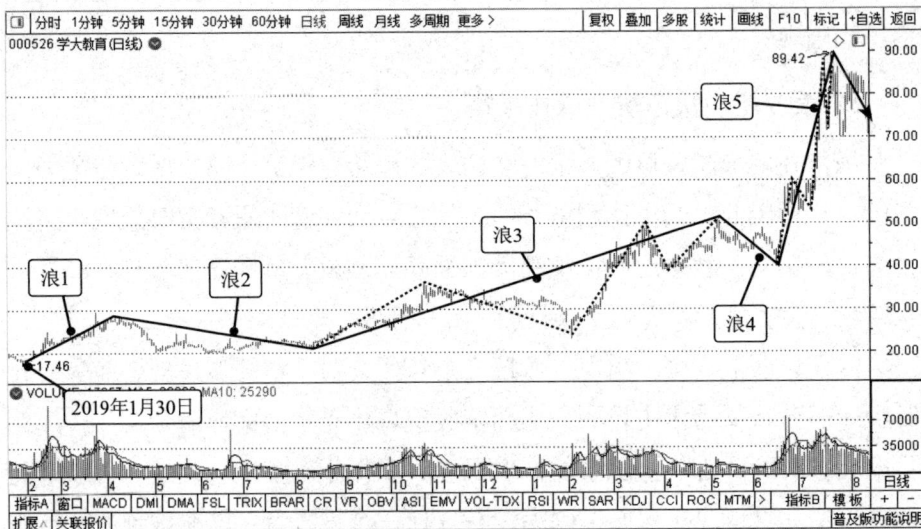

图 4-26　学大教育 2019 年 1 月至 2020 年 8 月的 K 线走势

从图 4-26 中可以看到，该股在 2019 年 1 月 30 日创出 17.46 元的最低价后企稳回升步入上涨，在经历了一波五浪上涨走势后，股价从 17.46 元的价格上涨到 89.42 元的高价，涨幅超过 412%，可谓非常惊人。

在这一波上涨走势中，浪 3 发生延长，股价从 20.00 元价位线附近上涨到了 50.00 元价位线附近，涨幅达 150%，但是持续的时间非常长，有近九个月的时间。

浪 5 阶段虽然也发生了延长，但持续的时间不长，只有一个多月的时间，股价却从 40.00 元价位线附近上涨到了最高的 89.42 元，涨幅约为 124%，只比浪 3 阶段的涨幅少了 26%，但是时间却大大缩短了。从这个角度来看，最具投资价值的是浪 5 阶段。

那么，如何才能抓住这波浪 5 呢？

来看浪 4 阶段的成交量可以发现，在整个浪 4 回调阶段，成交量几乎都是缩小，且成交量水平与之前浪 2 末尾、延长浪 3 中小浪 2 的回调水平相当，因此，从成交量角度来分析，浪 5 可能具有操作价值。

下面放大浪 3 后期、浪 4 和浪 5 前期的走势来分析浪 5 可能出现的走势。

图 4-27 为学大教育 2020 年 2 月至 6 月的 K 线走势。

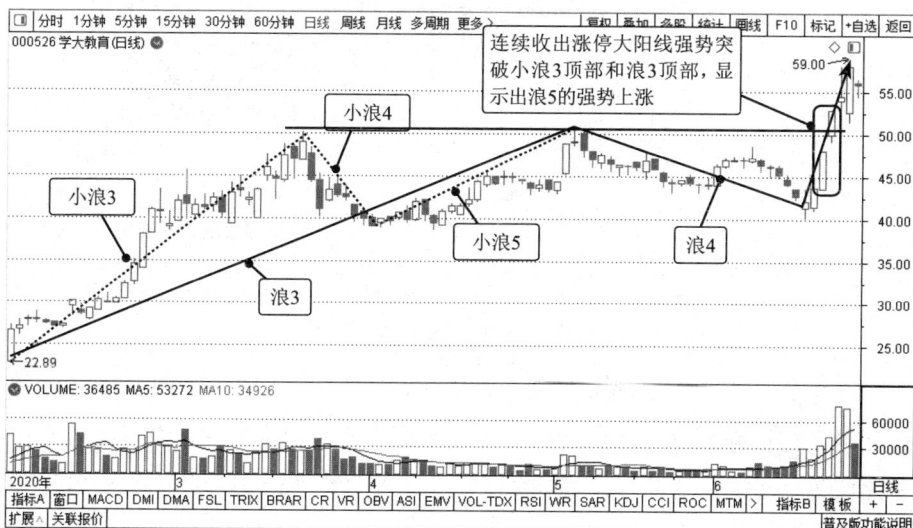

图 4-27　学大教育 2020 年 2 月至 6 月的 K 线走势

从图 4-27 中可以看到，股价在小浪 3 顶部和浪 3 顶部的 50.00 元价位线附近受阻滞涨，说明此处是一个比较重要的阻力位。

从浪 5 初期的走势来看，浪 5 是在成交量快速放大的作用下连续收阳上涨开启的，并且很快便连续收出两根涨停大阳线直接突破 50.00 元价位线的阻力，运行到 55.00 元价位线上方，这表明当前市场的上升趋势非常强劲。这种突破不仅可能意味着市场情绪的高涨和买盘力量的强势，还预示着股价可能还有进一步上涨的空间。

下面放大浪 5 阶段的走势来具体分析浪 5 的操作机会。

图 4-28 为学大教育 2020 年 5 月至 8 月的 K 线走势。

从图 4-28 中可以看到，浪 5 强势突破 50.00 元价位线后，在 60.00 元价位线下方受阻滞涨，但是整个回落调整几乎都围绕着 55.00 元价位线窄幅波动，这说明下方有一定的支撑。

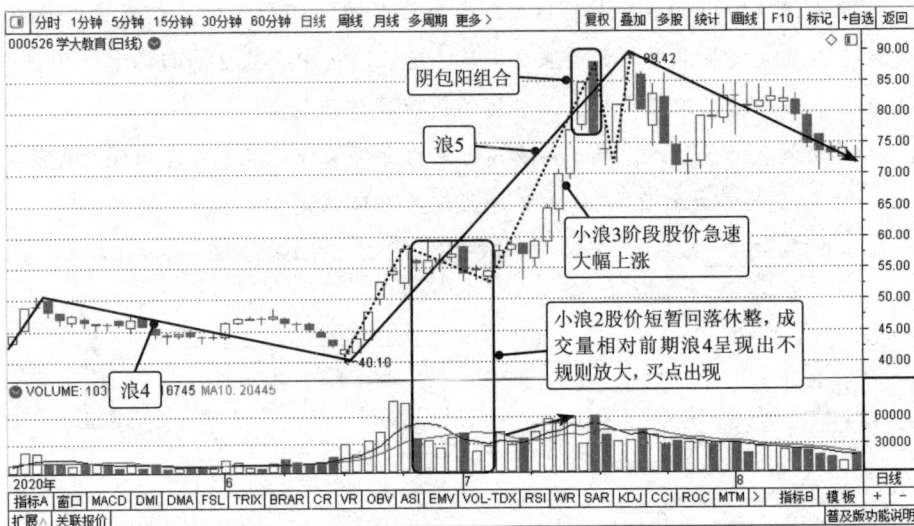

图 4-28　学大教育 2020 年 5 月至 8 月的 K 线走势

此时的成交量虽然相对于浪 5 启动时有所缩小，但是相对于浪 4 阶段的成交量来说，却呈现出不规则的放大，因此，预测浪 5 大概率会发生延长，而此时的调整就是小浪 2，之后该股会继续开启延长浪的后续走势，因此，此时的调整就是一个不错的短线买点。

之后在成交量继续放大的推动下，小浪 3 开启，且小浪 3 呈现出来的涨势很急促，且多次收出涨幅较大及涨停的大阳线，这种急速拉升在浪 5 阶段的小浪 3 位置，主力拉高出货的嫌疑比较大，此时，机警型投资者就要选择在股价急速拉升的过程中逢高卖出，锁定投资收益。早期介入的中长线投资者此时也要跟随这波上涨减仓或清仓出局了。

很快，该股收出一根涨停大阳线触及 85.00 元价位线，次日该股高开后一路走低，当日收出一根跌停大阴线，这两日的 K 线形成了阴包阳 K 线组合，这是一个常见的 K 线见顶组合，预示着小浪 3 也到顶了。

尤其当前的阴包阳组合是由涨停大阳线和跌停大阴线构成，更显示出一种强烈的反转信号，说明市场情绪可能发生了显著的变化并预示着股价可能即将进入下跌阶段。此时还停留在场内的投资者也要及时清仓了。

从后市走势来看，股价继续下跌一个交易日后止跌，完成小浪 4 的调整，但是之后股价仅仅上涨两个交易日，在创出 89.42 元的最高价后浪 5 结束。

之后股价见顶回落一路下跌，成交量也急速缩小，这种价跌量减的走势，更加说明浪 5 结束，行情已经转入下跌通道了，如果在前期阴包阳组合出现后，股价涨势变弱时没有及时清仓出局的投资者，就会错过较好的出货时机，而且极容易被套。

4.6　浪 A 开启，逢高卖出

在股价经历了一个完整的上升五浪形态之后，往往预示着上涨趋势的动力开始减弱，随后可能进入一段明显的下降趋势。浪 A 作为这一转变的第一波下跌浪，标志着市场情绪的逆转和空方力量的增强。因此，在此阶段，投资者应尽可能地逢高卖出，及时撤离。

4.6.1　从跌速来看浪 A 运行

在前面章节的介绍中我们已经了解到了，从形态角度来看，浪 A 有单浪下跌、次一级的三浪下跌和次一级的五浪下跌之分。除此之外，还可以从下跌速度的快慢来分析浪 A，具体有浪 A 快速下跌和浪 A 慢速下跌。有关介绍见表 4-2。

表 4-2　浪 A 快速下跌和慢速下跌说明

从跌速划分浪 A	解　释	市场意义
浪 A 快速下跌	浪 A 快速下跌指的是股价在浪 A 阶段出现持续时间较短，下跌幅度较大的走势，这种走势不给投资者任何反应的机会。浪 A 快速下跌可以以单浪下跌出现，也可以以次一级的下跌三浪或次一级的五浪形态出现	①下降趋势已经形成，行情进入熊市。 ②在股价见顶之后，股价随即转换趋势，此时市场中的抛盘压力逐步加大，由此形成了股价的大幅度、短时间的下跌走势，预示形成了浪 A 前半部分的快速下跌阶段。 ③在浪 A 前半部分的快速下跌现象出现时，更是引起了市场投资者的恐惧心理，随后抛盘继续增加，股价继续快速下跌。 ④浪 A 下跌的最后阶段，想卖出的投资者已经低价出售，不想卖出的投资者仍然被套其中，这时的下跌更多的是在下跌惯性的作用下形成的

续上表

从跌速划分浪 A	解　释	市场意义
浪 A 慢速下跌	浪 A 慢速下跌是相对于浪 A 快速下跌而言的，其下跌特点是下跌持续时间长，下跌幅度相对温和，多以下跌五浪形态出现	①股价趋势转变的开始，开启了股价的下降趋势。 ②在股价见顶之后，便开始了下降趋势。但是在这个时候，主力还没有出货完毕。因此，在浪 A 的下跌走势中，主力在出货的时候不断拖住股价，不让其出现大幅下跌，以便尽快出货。 ③对于没来得及卖出的投资者，浪 A 的慢速下跌提供了卖出机会。 ④尽管浪 A 下跌速度减缓，但是也不能改变浪 A 下跌的性质，以及其开启下降趋势的性质。

4.6.2　浪 A 下跌初期要及时卖出

浪 A 作为上升五浪之后的首个下降推动浪，它的出现不仅是股价走势的重大变化，更是市场情绪的深刻调整。而且，浪 A 的下跌充满了太多的不确定性，有时候在短时间内就会走出大幅的快速下跌行情，这往往让投资者措手不及。

因此，在识别到浪 A 形成的初期迹象时，投资者在这一时段就要及时减仓乃至清仓，这样的操作不仅能够有效保护既有资金免受进一步损失，还能让投资者在后续的下跌过程中保持相对从容的心态，避免陷入盲目抄底或持仓过重的陷阱之中。

下面来看一个具体的实例。

实例分析 华映科技（000536）浪 A 下跌之初卖出操作分析

图 4-29 为华映科技 2023 年 6 月至 2024 年 2 月的 K 线走势。

从图 4-29 中可以看到，该股在 2023 年 6 月 26 创出 1.73 元的最低价后企稳回升，在一轮上升五浪的推动下最高上涨到 2023 年 10 月 10 日的 5.80 元，涨幅超过 235%。

之后该股见顶回落步入下跌，其中仅浪 A 一段走势，在一个多月的时间里，跌幅就接近 40%。

这种大幅下跌走势也是对前期股价大幅上涨的合理修正。但是投资者要回避这样的大幅下跌，浪 A 的起步阶段就是较好的卖出时机，投资者应该尽量抓住这一机会。

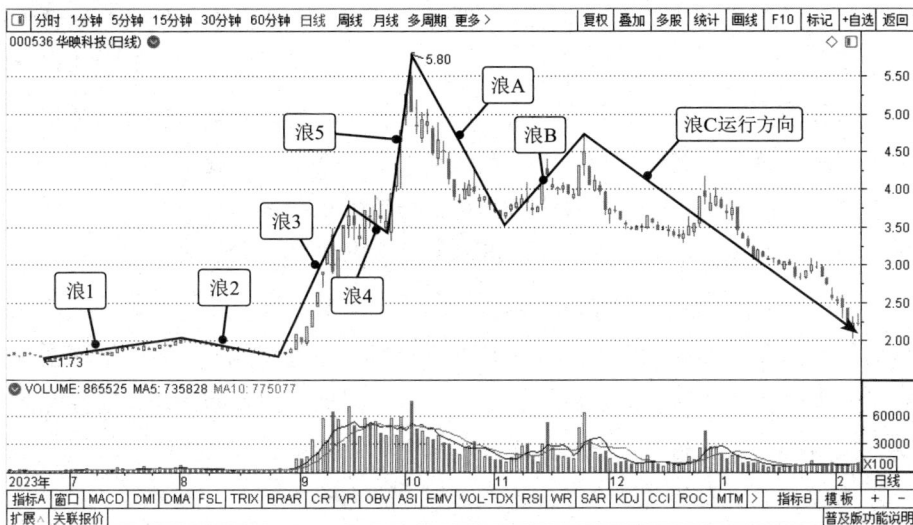

图 4-29　华映科技 2023 年 6 月至 2024 年 2 月的 K 线走势

投资者如何分析浪 A 初期的卖出机会呢？

下面放大浪 A 前后的走势进行具体分析，如图 4-30 所示。

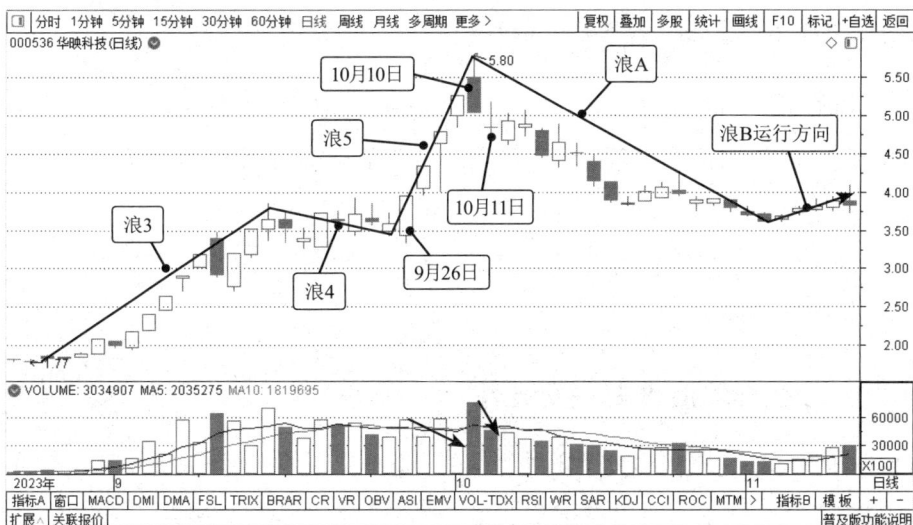

图 4-30　华映科技 2023 年 8 月至 11 月的 K 线走势

从图 4-30 中可以看到，该股在 9 月中旬上涨到 4.00 元价位线下方后受阻结束浪 3。之后该股围绕 3.50 元价位线横向震荡开启浪 4。整个浪 4 持续的时间不长，最终在 9 月底止跌，并且在 9 月 26 日以涨停大阳线拉升股价开启浪 5。

虽然浪 5 涨势强劲，几乎都是以涨停阳线急速拉升股价，但是观察这波强势上涨行情的成交量可以发现，成交量在逐步变小。在股价高位出现这种量价不配合的背离走势，大概率是主力借助快速拉升迷惑投资者高位追涨，机警型投资者在这波拉升过程中就已经逢高卖出了。

10 月 10 日，该股以巨量快速拉高股价打到涨停板，营造出股价继续走强的假象，但是在冲高之后股价一路向下回落，当日以 4.55% 的跌幅放量收出带长上影线的阴线，表明股价在上涨过程中遇到了强大的抛压，多方力量明显减弱，空方开始占据上风，这通常是市场顶部即将形成的信号。

次日，股价大幅低开后快速冲高后继续一路向下运行，最终以 3.98% 的跌幅缩量收出带长上影线的十字线，进一步说明行情的弱势。

结合前期的上升浪 5 走势及股价在顶部呈现出的弱势下跌，行情大概率见顶回落，开启浪 A。此时投资者要积极逢高卖出，锁定投资收益。

4.7 浪 B 反弹，轻仓操作

在浪 A 启动下跌趋势之后，紧接着会出现浪 B，作为下跌三浪中的调整阶段，浪 B 通常会表现为一段明显的上升行情。这段时期不仅为市场提供了喘息的机会，还为激进型投资者提供了短线操作的机会。

下面就来具体介绍什么样的浪 B 具有可操作性及在浪 B 阶段投资者可以进行哪些操作。

4.7.1 什么样的浪 B 具有可操作

由于浪 B 阶段仍然处于下跌行情中，因此，不是所有的浪 B 都具有可操作的条件，那么，什么样的浪 B 才具备可操作性呢？这要从浪 B 的反弹幅度来进行确认。

根据浪 B 反弹幅度强弱的不同，可以把浪 B 的反弹分为小幅反弹和大幅反弹。不同的反弹幅度其特点不同，具体见表 4-3。

表 4-3　浪 B 不同反弹幅度的说明

反弹幅度类型	说　　明
浪 B 小幅反弹	浪 B 的小幅度反弹，即股价在经历浪 A 下跌后出现的温和上扬，是对前期下跌趋势的一种技术性修正。这种反弹通常表现为涨幅有限，缺乏强烈的上涨动能，更多是对市场情绪的短暂缓解而非趋势反转
浪 B 大幅反弹	通常，浪 A 在深幅下跌后会出现超跌反弹，此时浪 B 的反弹幅度就非常大，有的反弹行情甚至可以弥补浪 A 的整个跌幅，其反弹的具体高度及特征在本书第 3 章已有详尽阐述

综合来看，浪 B 要具有可操作价值至少需要满足两个条件：一是浪 B 反弹的幅度要大，这样才能确保操作有利；二是浪 B 持续的时间不能太短，否则投资者还未来得及操作便结束了，这样更容易被套。

4.7.2　浪 B 阶段投资者可进行哪些操作

鉴于浪 B 阶段不同幅度的反弹行情，此时投资者采取的策略也不同。具体如下：

1. 小幅反弹以卖出止损为主要策略

对于小幅反弹的浪 B 行情，由于其涨幅不大，前期未来得及出局的场内投资者，此时最好积极逢高卖出手中持股，降低投资损失才是上策。而对于场外投资者来说，此时应保持谨慎态度，不要轻易参与。如果不小心参与了，当发现浪 B 反弹力度不足以覆盖成本或预期收益时，可以考虑在反弹高点适当减仓，以锁定部分利润或减少潜在损失。但需注意，减仓操作应基于个人风险承受能力和投资策略，避免盲目跟风。

2. 大幅反弹可适当短线抢反弹

对于大幅反弹的浪 B 行情，鉴于其上涨动力充沛，除了场内投资者可以在此阶段逢高卖出，及时止损以外。对于场外的激进型投资者，也可利用大幅反弹，在浪 B 阶段快速进出抢反弹来赚取差价。

下面来看一个具体的实例。

实例分析 闽东电力（000993）浪 B 抢反弹操作分析

图 4-31 为闽东电力 2021 年 10 月至 2022 年 9 月的 K 线走势。

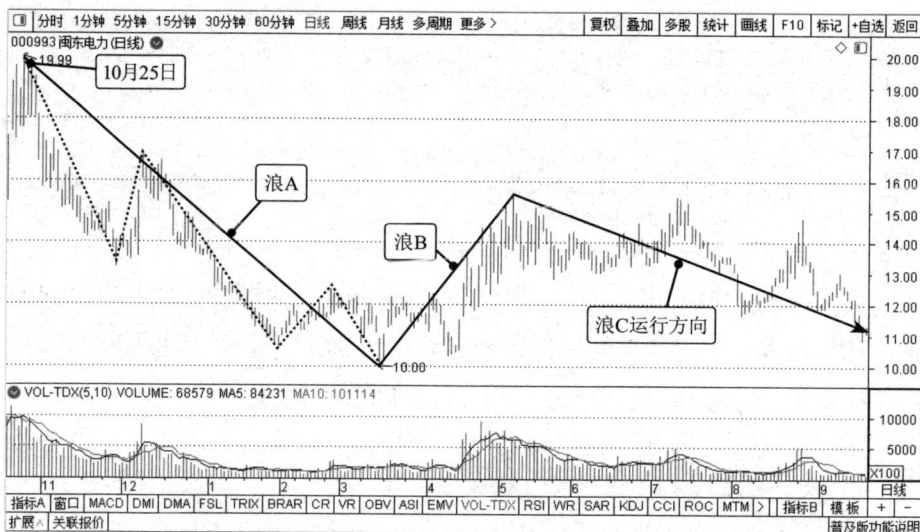

图 4-31　闽东电力 2021 年 10 月至 2022 年 9 月的 K 线走势

从图 4-31 中可以看到，该股在 10 月 25 日创出 19.99 元的最高价后见顶，随后以下跌三浪的方式展开下跌。

其中浪 A 发生了延长，由次一级的下跌五浪构成，从而扩大了这一浪的下跌时间和幅度，使得股价近四个月的时间内从 19.99 元的高价下跌到 10.00 元的阶段低位，跌幅接近 50%。

由于浪 A 的超跌，可以预测浪 B 大概率会走出较强的反弹走势，因此，激进型投资者可以利用大幅反弹的浪 B 进行短期操作，而前期在快速下跌的浪 A 阶段未来得及离场的投资者此时也可以密切关注浪 B 的反弹走势轻仓止损。

下面放大浪 B 的走势进行具体分析。

图 4-32 为闽东电力 2022 年 3 月至 6 月的 K 线走势。

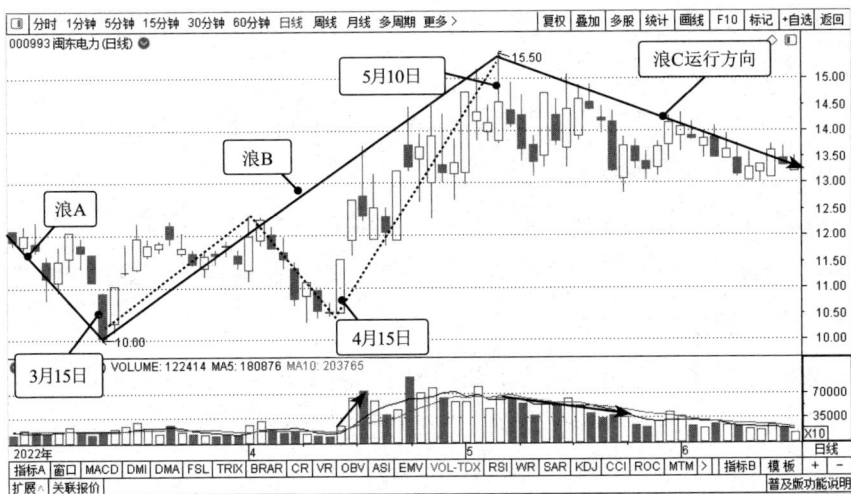

图 4-32　闽东电力 2022 年 3 月至 6 月的 K 线走势

从图 4-32 中可以看到，浪 A 在 3 月 15 日创出 10.00 元的新低后止跌企稳，开启浪 B。虽然次日收出一根涨停大阳线，第三日继续跳空高开后收出一根带长上影线的十字线，两个交易日之间形成一个向上跳空的缺口，股价涨势还不错，但是成交量却没有明显地放大，股价是否能够形成强势反弹尚不确定，因此，投资者不要着急买入，可以继续持币等待，避免判断失误。

之后股价上涨到 12.00 元价位线后横盘滞涨，多次上攻该价位线都没有突破，并且进入 4 月后还连续收阴拉低股价回落，但最终在前期低位上方止跌。4 月 15 日，该股放量收出涨停大阳线，次日继续放量收出涨停阳线拉高股价，由此可以预判浪 B 的涨势正式开启，投资者此时即可根据自己的操作策略在此建仓，持股待涨，但是注意控制仓位，切忌满仓抢反弹。

之后股价一路震荡上涨，在 4 月底上涨到 14.50 元价位线附近时滞涨，该价位与浪 B 理论结束价格之一的 13.78 元 10.00+(19.90-10.00)×38.2%=13.78（元）相差不大，结合此时股价上涨受阻，因此，可以预判反弹行情离顶部不远了，投资者可以根据操作策略逢高卖出轻仓止损，或者减持锁定短期抢反弹的收益。

之后股价继续在高位横向震荡，并在 5 月 10 日创出 15.50 元的阶段高位后向下运行，成交量也不断缩小，预示着浪 B 的结束，短期投资者此时应积极卖出筹码，锁定收益。

这里需要再次强调，无论浪 B 反弹幅度如何，投资者在实战中操作浪 B 时，都应具备以下意识：

①浪 B 反弹具有不确定性，因此，不要期待在浪 B 阶段全面出货，而是应该在浪 A 初期就要进行部分减仓。

②浪 B 走势复杂多变，通常是主力的最后出货时机，此时，场内投资者要跟随清仓，而对于稳健型场外投资者来说，最好场外观望，以降低操作不当带来的损失。

③由于浪 B 反弹仍然处于下跌趋势中，对于抢反弹操作的投资者来说，应严格控制仓位，避免满仓操作，以降低潜在风险。

4.8 下跌浪 C，尾部机会

浪 C 是下降趋势中的最后一浪，同时也是股价下跌走势的最后阶段。该浪结束后，随之而来的就是上涨趋势。因此，识别并把握住浪 C 的尾部，对于投资者而言，意味着能够买在下一轮上涨行情启动阶段，从而有效降低持股成本，为后续的盈利奠定坚实的基础。

4.8.1 如何判断浪 C 结束

对于浪 C 的底部，没有任何投资者可以对其进行准确预测。很多时候都是等到形态走出来后，人们才发现浪 C 见底了，行情已经转势了。

然而，在实战操作过程中，我们却可以通过一些方法来对浪 C 可能的底部位置进行预测，比如第 3 章中介绍浪 C 的跌幅预测方法。除此之外，投资者还可以结合其他技术指标进行综合分析，当多个指标同时发出见底转势的信号后，浪 C 结束的位置就会更加明确。

通常在浪 C 阶段配合使用的其他技术分析方法有如下几种，下面对其进行简单介绍：

①利用 K 线判断浪 C 尾部。主要是看在浪 C 可能结束的位置是否有预示见底的 K 线组合或 K 线形态出现，比如早晨之星 K 线组合、头肩底 K 线形态等。

②利用技术指标判断浪 C 尾部。在炒股技术中，技术指标有很多，比如移动平均线（MA）、成交量（VOL）等，通过这些指标都可以发现行情转势的信号，从而辅助投资者判断浪 C 结束。

4.8.2 浪 C 尾部买入长线持有

浪 A、浪 B 与浪 C 共同构成了下跌趋势中的经典三浪结构，这是市场步入熊市阶段、股价持续下挫的主要驱动力。随着浪 C 的终结，这一漫长的下跌周期宣告结束，随之而来的就是牛市行情，为投资者的投资之路开启新篇章。

因此，投资者一旦识别浪 C 结束，便可以进行长线布局操作了，通过长期持有来享受牛市上涨行情带来的利润。当然，在这个过程中可能呈现出一些波动情况，投资者要耐心持有，规避短期波动的干扰。

下面来看一个具体的实例。

实例分析 沙河股份（000014）浪 C 尾部抄底买入操作分析

图 4-33 为沙河股份 2020 年 8 月至 2022 年 4 月的 K 线走势。

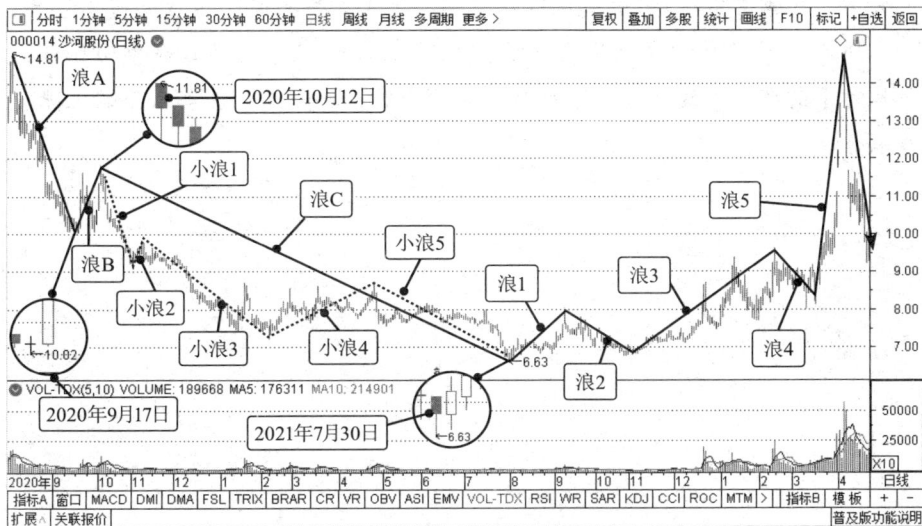

图 4-33 沙河股份 2020 年 8 月至 2022 年 4 月的 K 线走势

从图 4-33 中可以看到，该股在 2020 年 8 月初创下 14.81 元的最高价后见顶回落步入下跌。浪 A 是以单浪下跌的方式展开的一波快速下跌行情，在 9 月 17 日创出 10.02 元的低价后止跌。仅一个多月的时间，该股跌幅超过 32%，还是比较大的。

之后的浪 B 反弹相对来说幅度不大，持续时间也不长，不到一个月的时间就在 10 月 12 日创下 11.81 元的阶段高价后见顶回落。

基于浪 A 的快速大幅下跌和浪 B 的反弹乏力，使得浪 C 发生延长，由次一级的下跌五浪构成，扩大了整个下跌的时间和幅度。

事实上，该股在 2021 年 4 月底就步入小浪 5 阶段，随着价格的继续震荡下跌，股价在跌破 7.00 元价位线后出现跌势减缓走势，并在 7 月 30 日创出 6.63 元的新低，次日该股开盘后一路高走，最终以 1.78% 的涨幅收出一根中阳线，当日阳线实体完全覆盖上一个交易日的阴线实体，构成阳包阴 K 线见底组合。

综合来看，在小浪 5 阶段出现阳包阴 K 线见底组合，说明浪 C 大概率结束了，此时激进型投资者可以选择轻仓买入抄底，并长线布局。

从后市的走势来看，该股随即止跌企稳开启浪 1，并在一波上升五浪的推动下，再次上涨到 14.00 元价位线上方，几乎上涨到前期浪 A 的起点位置。

所以，当投资者在正确判断浪 C 结束后，一定要进行长线布局操作，尤其对于前期下跌幅度大、下跌时间长的个股，在超跌后，其后市的上涨一般不会太小。

第 5 章

其他炒股技术与波浪分析技术结合

　　虽然波浪分析技术可以帮助投资者很好地捕获行情发展趋势，有效进行波段操作，这在一定程度上能够降低投资风险。但是投资者在面对复杂又充满风险的股市时，仍然要提高警惕，安全投资更重要。因此，在实际操作中，为了提高预测的准确性，投资者通常不会只依靠一个技术来进行分析，而是同时使用多个技术进行综合判断。本章将借助K线技术与MA指标，以点带面，旨在指导投资者如何将其他技术指标与波浪分析技术相结合使用。

5.1 K线技术与波浪分析技术结合

K线技术是炒股技术中最基础和经典的技术之一，任何投资者入市都要学会该技术的应用。将K线技术与波浪分析技术进行结合使用，可以更好地辅助投资者对起涨点的预判，进而更好地指导投资者买在波段底部，卖在波段顶部。

5.1.1 K线基础知识掌握

在K线技术中，有单根K线、K线组合与K线形态之分。

单根K线主要反映市场在单个周期内的价格涨跌情况，通过开盘价、收盘价、最低价、最高价四个要素来展示，但是单根K线反映的信息毕竟有限，而且容易受到市场波动的影响，导致判断的准确性下降。

而K线组合和K线形态，都是由多根K线按不同规则组合在一起形成的，能够更全面地反映市场在多个周期内的涨跌情况，相对单根K线来说，发出的见顶见底信号更具可靠性。

下面就分别来认识一下常见的K线组合与K线形态。

1. 认识K线组合

K线组合是指通过两根或多根K线构成的具有一定看涨看跌意义的组合，通过这些K线组合，可以帮助投资者判断市场顶部或底部的形成。因此，K线组合就分为见底组合与见顶组合。下面列举一些常见的K线见底与见顶组合，见表5-1和表5-2。

表5-1 常见K线见底组合及其市场意义

组合名称	示 意 图	市场意义说明
早晨之星		早晨之星也叫希望之星，一般出现在一波下跌行情的底部。标准的早晨之星由三根K线构成：第一根K线是一根大阴线或中阴线；第二根K线是一根低开的小阳线、小阴线或十字星线；第三根K线是一根大阳线或中阳线，当收盘价深入阴线实体的二分之一位置，即可判断形态成立，且深入阴线实体的部分越多，股价见底反转回升的信号就越强烈

续上表

组合名称	示 意 图	市场意义说明
红三兵		红三兵也叫前进三兵，它是由三根连续上涨的阳线组合而成，与阳线实体大小和是否有上下影线均无关系，这些阳线每天的开盘价在前一天的实体之内，每天的收盘价在当天的最高点或接近最高点，且 K 线的收盘价一日比一日高，说明后市涨幅较大
曙光初现		曙光初现通常出现在下跌行情中，发出股价见底信号，其由两根一阴一阳的 K 线组成，第一根阴线为大阴线或中阴线，第二根为跳空低开的中阳线或大阳线，并且阳线的实体部分深入阴线实体二分之一以上的位置，深入阴线实体的部分越多，见底信号越强烈
旭日东升		旭日东升实际上是曙光初现形态的增强版，也是由两根 K 线组合而成，第一根为中阴线或大阴线，第二根为高开高走的中阳线或大阳线，并且阳线的收盘价超过了前一根大阴线的开盘价。第二根阳线的实体部分超出前一天阴线实体的开盘价越多，阳线实体越长，后期上涨势头越强劲
阳包阴		阳包阴组合也叫底部的穿头破脚组合，它由两根 K 线组成，第一根 K 线为下跌行情中的阴线，第二根 K 线为将第一根阴线从头到脚全部包在里面的中阳线或大阳线，且第二根阳线的量能要明显放大。两根 K 线的长度越悬殊，转势的力度就越强
阴孕阳		阴孕阳由两根 K 线组成，第一根 K 线是中阴线或大阴线，第二根 K 线是一根高开高走的中阳线或小阳线，其收盘价低于前一日中阴线或大阴线的开盘价，即在前日阴线内部收盘，即俗称的腹中孕线。这种组合通常预示多头反击，后市看涨
平底线		平底线又称镊底或平头底，是指在股价跌到一个比较低的价位之后，出现两根最低价相同或大致处于相同水平位置的 K 线构成的组合形态。这两根 K 线不分阴阳，即可以是前阴后阳，或前阳后阴，或前后均为同性质的 K 线，所发出的见底信号没有差别
低档五阳线		低档五阳线是一个比较可信的见底信号，该组合是指在股价的下跌低价位区，K 线图上连续出现了五根小阳线（也有可能是六七根小阴小阳线，但阳线居多），这表明行情的下跌动力不够，很可能是多头在低位慢慢建仓，行情随时有向上发力的可能

拓展知识 早晨十字星组合说明

　　如果早晨之星的第二根 K 线是以十字星线出现，则该组合又称为早晨十字星组合，其相对于一般的早晨之星组合而言，其多空力量对比的显示更为明确和强烈，因此，其见底反转信号通常比早晨之星更为可靠。

表 5-2 常见 K 线见顶组合及其市场意义

组合名称	示 意 图	市场意义说明
黄昏之星		黄昏之星也叫暮星，是由三根 K 线组成的。第一根 K 线为大阳线或中阳线；第二根 K 线是高开的小阳线、小阴线或十字星线；第三根 K 线是一根大阴线或中阴线，收盘价应位于第一根阳线实体内，且深入得越低越有效。黄昏之星出现在股价运行的高位，发出见顶信号。如果黄昏之星组合的第二根 K 线是跳空的，且与第一根大阳线或中阳线之间形成缺口，则见顶信号更强
黑三兵		黑三兵 K 线组合与红三兵 K 线组合相反，是指三根连续下跌的阴线，其最低价一日比一日低，表示空方力量在逐步加强，后市看淡。因此，当这种 K 线组合出现时，投资者不能盲目入场；持有股票的投资者也要择机卖出股票，避免更大的损失
乌云盖顶		乌云盖顶为股价见顶信号，它由两根 K 线组合而成，第一根 K 线为大阳线或中阳线，继续前期的上涨行情，第二根 K 线为大阴线或中阴线，收盘价深入第一根阳线实体一半以下，形成乌云盖顶之势。其中阳线实体被阴线覆盖得越多，说明多方的力量越弱，空方的力量越强，如果第二根 K 线实体完全覆盖第一根 K 线实体，则反转意味更强
倾盆大雨		倾盆大雨也叫一泻千里，是旭日东升的逆反形态，可以看作是乌云盖顶形态的增强版。该 K 线组合由两根 K 线组成，第一根 K 线是大阳线或中阳线，第二根 K 线是一根低开的大阴线或中阴线，阴线的收盘价低于前一根阳线的开盘价。第二根阴线的实体部分低于阳线实体的开盘价越多，阴线实体越长，预示着后期的下跌势头越强，如果同时期的成交量急剧放大，则跌势更加猛烈
阴包阳		阴包阳组合也被称为顶部的穿头破脚组合，它由两根 K 线组成，第一根 K 线是上升行情中的阳线，第二根 K 线为将第一根阳线从头到脚全部包在里面的阴线，两根 K 线的实体部分长度悬殊越大，则反转的意味越强
阳孕阴		阳孕阴由两根 K 线组成，第一根 K 线是中阳线或大阳线，第二根 K 线是一根低开低走的中阴线或小阴线，其收盘价高于前一日中阳线或大阳线的开盘价，即在前日阳线内部收盘。该形态的出现说明多头力竭，空头开始占据上风，通常视为股价即将反转下跌的信号
平顶线		平顶线也叫镊顶或平头顶，是指在股价上涨到一个比较高的价位之后，出现两根最高价相同或大致处于相同水平位置的 K 线构成的组合形态。这两根 K 线不分阴阳，即可以是前阴后阳，或前阳后阴，或前后均为同性质的 K 线，所发出的见顶信号没有差别

续上表

组合名称	示 意 图	市场意义说明
高档五阴线		高档五连阴 K 线组合是指股价上涨到高位后连续收出五根小阴线，这五根小阴线一般呈横向排列或缓跌式排列，且总跌幅一般不超过 10%。该形态是一种见顶反转信号。在实战中，有时候小阴线会多达五根以上，此时的研判方法和高档五连阴是一样的

拓展知识　黄昏十字星组合说明

与早晨十字星相似，如果黄昏之星的第二根 K 线是以十字星线出现，则该组合又称为黄昏十字星组合，其相对于一般的黄昏之星组合而言，是一个更为强烈的卖出信号，提示投资者应迅速撤离市场或调整仓位以避免损失，尤其该组合出现在浪 5 顶部，更预示着行情见顶，下跌即将开启。

---

2. 认识 K 线形态

K 线形态有两大类，一类是预示行情见底见顶的反转形态，另一类是预示行情持续整理的整理形态。前者形态形成后，行情将发生逆转，后者形态形成后，股价将延续前期的趋势，比如前面介绍的浪 2、浪 4 阶段中出现的三角形整理形态。

下面具体介绍几种常见的见底见顶 K 线形态，具体内容见表 5-3 和表 5-4。

表 5-3　常见 K 线见低形态及其市场意义

形态名称	示 意 图	市场意义说明
V 形底		V 形底形态也叫尖底形态，该形态出现在底部的频率较高，其转向过程仅两三个交易日，有时甚至更短就完成了，这让 V 形底成为最直观的反转形态
双重底	颈线	双重底也叫 W 底，该形态一般在下跌行情的末期出现。形态的低点通常在同一水平线，股价第一次冲高回落后的顶点称为颈部，当股价放量突破颈线时，行情可能见底回升。双重底形态形成之后，股价有可能出现回落的行情，但最终会在颈部价格附近止跌企稳，继续上涨。在实际操作中，也会出现双重底的两个底点不在同一水平线上的情况，通常，第二个底点都较第一个底点稍高

续上表

形态名称	示 意 图	市场意义说明
三重底	颈线	三重底形态是由三个一样的低位或接近的低位形成，三重底的低点与低点的间隔距离不必相等。三个低位显示了多次探底的走势特征，但每一次探底都没有大幅度跌破此水平位。三重底突破颈线后也有回抽，最终在颈线位置获得支持止跌
头肩底	颈线	头肩底形态与三重底形态相似，只是头肩底形态的两肩低点大致相等，且高于中间的低点。就成交量而言，左肩最少，头部次之，右肩最多。股价突破颈线不一定需要大成交量配合，但是日后继续上涨时成交量会放大

表5-4　常见K线见顶形态及其市场意义

形态名称	示 意 图	市场意义说明
倒V形顶		倒V形顶形态也叫尖顶形态，它是V形底的反转形态，该形态出现在顶部的频率较高，其转向过程比较短，仅两三个交易日，有时甚至更短就完成了。通常情况下会有一根较长的上影线触顶，随后股价开始大幅下跌
双重顶	颈线	双重顶也叫M顶，它是W底的反转形态，该形态一般在上涨行情的末期出现。形态的高点并不一定在同一水平，通常第二个顶点比第一个顶点稍高，是高位追涨筹码介入拉高的结果，由于主力借机出货，因此股价上涨力度不大。股价第一次下跌的低点称为颈部，当股价有效跌破颈线时，行情发生逆转。双重顶形态形成之后会出现回抽，但最终在颈线附近受阻止涨回落
三重顶	颈线	三重顶形态是三重底形态的反转形态，具体是由三个一样的高位或接近的高位形成，三重底的低点与低点的间隔距离不必相等。三重底跌破颈线后也有回抽，最终在颈线位置受阻回落
头肩顶	颈线	头肩顶形态是头肩底形态的反转形态，就成交量而言，左侧走势必须在量能的有效配合下展开，特别是第一低位出现后的冲高阶段。头肩底跌破颈线后也有回抽，最终在颈线位置受阻止涨回落

　　在实战中，完整形态的双重顶和双重底构筑时间至少需要一个月，而三重顶、三重底、头肩顶和头肩底形态的构筑时间一般在两个月以上，且时间越长，这些形态越可靠。过短的时间间隔构筑的K线形态，有可能是

主力设置的技术陷阱，或者很容易变成其他形态。

5.1.2　K 线技术与波浪技术结合应用实战

K 线组合和 K 线形态的出现，预示着行情趋势可能出现转变，因此，在八浪循环的开始阶段，即浪 1 构筑阶段比较容易出现 K 线见底组合与 K 线见底形态，其往往预示着市场已经触底，即将开始反弹或上涨趋势。而在八浪循环中的结束阶段，即浪 5 阶段则比较容易出现 K 线见顶组合和 K 线见顶形态，其往往预示着市场即将进入调整或下跌阶段。

除此之外，在一些阶段底部，比如过度下跌的浪 2、浪 4、浪 A 等结束位置，或者在一些阶段顶部，比如浪 3、浪 B 的结束位置，也可能出现 K 线见底见顶组合或 K 线见底见顶形态。

当这些 K 线组合或 K 线形态出现后，结合波浪分析技术，即可更加确定各浪开启或结束，从而指导投资者制定更精准的买卖策略。

对于 K 线组合在波浪理论中的应用，我们在前面的知识讲解中已经有过涉及，比如借助低档五阳线判断浪 1 开启，利用阴包阳组合判断浪 3 结束，以及运用阳包阴 K 线见底组合判断浪 C 结束。

下面通过具体的实例来看一下 K 线形态如何与波浪分析技术进行结合。

实例分析　深振业 A（000006）通过双重顶形态认清浪 5 结束

双重顶形态出现在浪 5 阶段，其常见构成形态是当浪 3 大幅上涨后，浪 4 快速回调，浪 5 涨势不足，在浪 3 顶部附近滞涨回落形成双重顶，其示意图如图 5-1 所示。

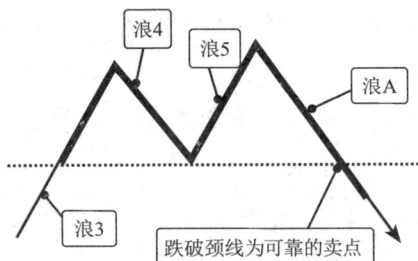

图 5-1　浪 5 与浪 3 和浪 4 构成双重顶形态示意图

一旦在浪 5 阶段形成双重顶，都更加证明了浪 5 结束，上涨行情见顶，之后就会进入下跌走势，而且这一波下跌通常不会太小。此时，投资者最好积极卖出，将收益落袋为安。

下面来看具体的实例。

图 5-2 为深振业 A 2020 年 2 月至 8 月的 K 线走势。

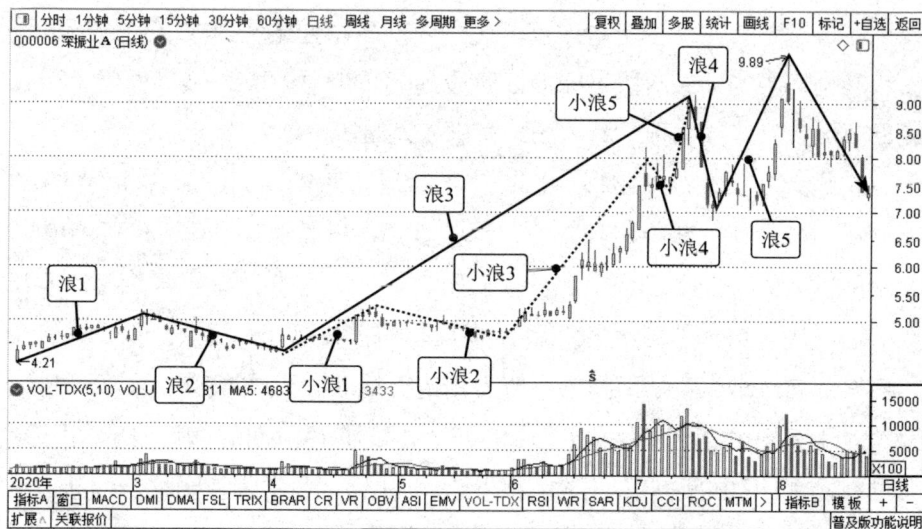

图 5-2　深振业 A 2020 年 2 月至 8 月的 K 线走势

从图 5-2 中可以看到，该股在 2020 年 2 月 4 日创出 4.21 元的低价后企稳回升展开一轮上升五浪的上涨走势。其中，浪 3 发生了延长，拉长了上涨的持续时间和上涨幅度，股价从 4.50 元价位线附近上涨到 9.20 元价位线附近，仅这一浪，股价涨幅就超过 104%，出现翻倍上涨行情。之后在一波短时间的浪 4 快速回调之后，浪 5 的快速冲高在创出 9.89 元后见顶。

如何来分析浪 5 见顶，并制定卖出策略呢？下面放大浪 5 和后面的走势进行具体分析。

图 5-3 为深振业 A 2020 年 6 月至 2021 年 1 月的 K 线走势。

从图 5-3 中可以看到，该股在 2020 年 6 月上旬开始不断放大成交量拉高股价开启一波大幅上涨行情，最终在 7 月上冲越过 9.00 元价位线后受阻回落开启浪 4。浪 4 持续的时间非常短，只有几个交易日，最终在 7.00 元价位线附近止跌结束调整。

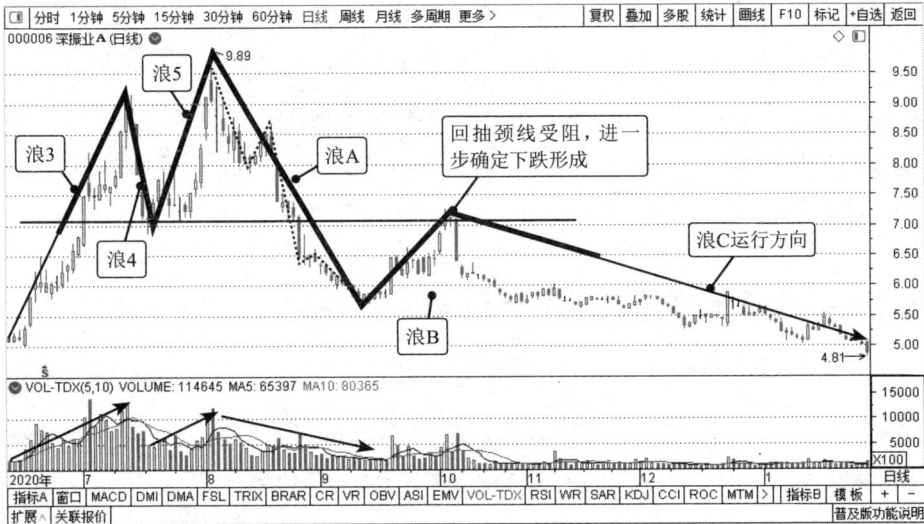

图 5-3　深振业 A 2020 年 6 月至 2021 年 1 月的 K 线走势

随着成交量的不规则放大，浪 5 开启，从浪 5 后半段的涨势来看，还是比较急促的，但是此时的成交量放大情况明显低于前期浪 3 拉升阶段的成交量，由此可以判断，经过浪 3 的大幅上涨后，在浪 5 阶段已经没有足够的量能拉升股价继续创出新高了，因此浪 5 的涨幅有限。

2020 年 8 月 4 日，该股高开后快速冲高创出当日的最高价 9.89 元后一路震荡向下，最终以 0.77% 的跌幅收出一根带长上影线的阴线。由此显示股价的上涨趋势已经受到阻碍，浪 5 极有可能结束。次日股价便走弱向下，双重顶雏形已经形成，机警型投资者此时就应该及时逢高卖出，锁定前期收益。

随着成交量的不断缩小，股价跌势越来越明显，双重顶形态更加清晰，结合波浪理论分析，此时浪 5 阶段出现双重顶，更说明 9.89 元的顶部就是浪 5 结束，此时浪 A 已经开启，稳健型投资者就要跟随主力逢高卖出。

之后股价在短暂跌破 6.00 元价位线后创出 5.66 元的低价后止跌回升，从波浪理论的角度来分析，此时大概率是浪 B 启动，而观察浪 A 阶段的走势，可以发现浪 A 发生延长，理论上来讲，此时浪 B 大概率在 7.28 元［5.66+（9.89-5.66）×38.2%=7.28］和 8.27 元［5.66+（9.89-5.66）×61.8%=8.27］价格附近会结束。

而从双重顶形态的角度来看，其颈线就在 7.00 元价位线附近，因此，综合判断，浪 B 大概率会在 7.28 元，即浪 B 反弹到浪 A 的 38.2% 位置结束。

实际上，该股浪 B 在 10 月反弹到 7.00 元价位线上方后就在颈线位置受阻。综合多方面分析，下跌已经形成，且浪 B 已经结束，前期还未离场的投资者，此时就要积极抛售出局了。否则在后市漫长的下跌中，将被深度套牢，损失更大。

5.2　MA 指标与波浪分析技术的结合

MA 指标的中文名称是移动平均线指标，它是一种简单而常用的趋势性技术指标，将移动平均线指标与波浪理论进行有效结合，可极大提高判断的准确性。下面来了解一下移动平均线指标的基础知识。

5.2.1　MA 指标基本概述与常见形态

MA 指标是按固定样本数计算股价移动平均值的平滑连接曲线，其直接加载在主图上，一般情况下显示 5 日、10 日、30 日和 60 日移动平均线，其中：

①5 日均线代表一个星期股价运行方向，该周期的均线为多方护盘中枢，否则上升力度有限。

②10 日均线代表半月股价运行方向，是多头的重要支撑，当有效跌破该均线，市场就可能转弱。

③30 日均线称为月移动平均线，代表一个月的平均价或成本。它是衡量市场短、中期趋势强弱的重要标志，当 30 日均线向上运行时短期做多；当 30 日均线向下运行时短期做空。

④60 日均线称为季线，能够较为准确地反映市场的中期趋势。当股价持续在 60 日均线之上运行时，通常表明市场处于中期上涨趋势；相反，若股价持续在 60 日均线之下，则可能意味着市场处于中期下跌趋势。

在实战中，MA 指标的交叉和排列形态是其最常见的应用，下面具体进行介绍，见表 5-5。

表 5-5 MA 指标的交叉与排列应用介绍

应用类型	子类型	市场意义说明	示意图
交叉	黄金交叉	黄金交叉简称金叉，是指股价在上涨过程中，上升的周期相对较短的均线由下而上穿过上升的周期相对较长的均线形成的交叉，它表示股价将继续上涨，后市看好	周期相对较短的均线 / 周期相对较长的均线
	死亡交叉	死亡交叉简称死叉，是指股价在下跌过程中，下降的周期相对较短的均线由上而下穿过下降的周期相对较长的均线形成的交叉，它表示股价将继续下跌，后市看跌	周期相对较长的均线 / 周期相对较短的均线
排列	多头排列	多头排列是指在一轮上涨行情中，不同周期的均线从上到下依次按短期均线、中期均线和长期均线的顺序排列。这种排列形态说明市场短期介入的投资者的平均成本超过长期持有投资者的平均成本，市场做多氛围浓。无论是短线、中线还是长线投资者都是入场的好时机	均线周期递增
	空头排列	空头排列是指在一轮下跌行情中，不同周期的均线从上到下依次按为长期均线、中期均线和短期均线的顺序排列。这种排列形态表明市场做空意愿极其强烈，股价将持续下跌较长一段时间，投资者应持币观望，直到各期均线下跌速度变缓走平再考虑进场	均线周期递减

5.2.2 MA 指标与波浪技术结合应用实战

将 MA 指标与波浪技术结合，实际上就是当 MA 指标发出买入和看涨信号后，增强波浪分析技术中买点的可靠性，比如当浪 1、浪 3、浪 5 和浪 B 启动初期出现金叉，则加强这几个波段开启的可靠性。当在这几个波段运行过程中，MA 指标呈现多头排列，则预示着股价在未来一段时间将继续上涨，投资者可以继续持股待涨。

反之，当 MA 指标发出卖出和看跌信号后，增强波浪分析几种卖点的可靠性。

下面以结合 5 日均线发现浪 3 启动为例，讲解 MA 指标与波浪技术的结合应用。

实例分析 **中集集团（000039）突破5日均线发现浪3启动**

周期越短的均线越灵敏，滞后性也越弱，因此，在浪2回调位置，如果5日均线拐头后，股价从下向上突破5日均线运行到其上方，同时，均线出现金叉后向上发散，60日均线保持向上或拐头向上，则浪2大概率结束，此时投资者可以结合其他看涨信号提早在浪3启动时介入。

图5-4为中集集团2020年5月至2022年3月的K线走势。

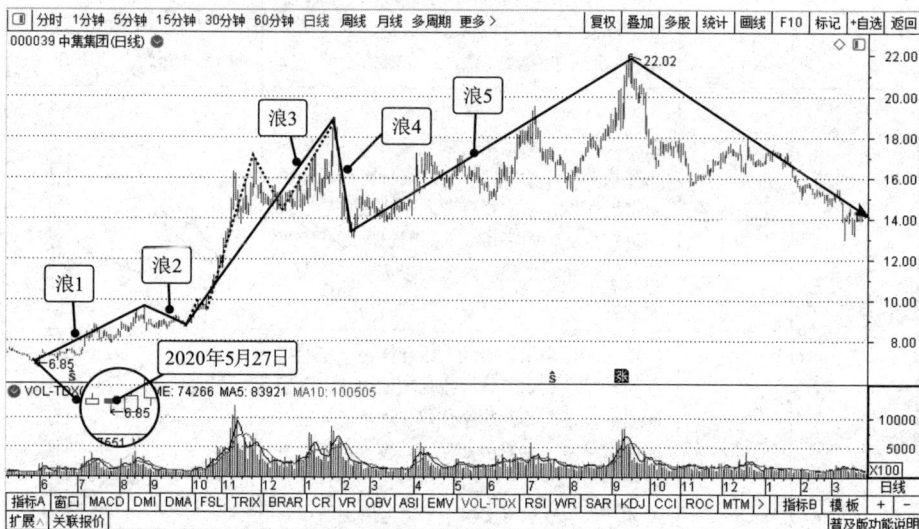

图5-4 中集集团2020年5月至2022年3月的K线走势

从图5-4中可以看到，该股在这段时间内经历了一波完整的上升五浪。

浪1从2020年5月27日的6.85元的底部开启，上涨到9.50元价位线上方后滞涨回落。

浪2经历了一波平台形的小幅回调整理，最终在9月底于8.50元价位线附近结束。

浪3开启后发生了延长（见图5-4中的虚线），由次一级的上升五浪构成，从最低的8.50元价位线附近，上涨到18.00元价位线上方，出现了翻倍上涨行情，浪3结束。

浪4则是以直线下跌的方式展开，短短十几个交易日的时间下跌到13.00元价位线附近止跌，浪4结束。

浪 5 开启后，虽然持续的时间比较长，但是由于上涨动力不足，最终在一波震荡拉升的作用下，创出 22.02 元的最高价后见顶回落步入下跌。

从整个上升五浪来看，浪 3 是整个上升五浪中最让人惊喜的一浪。那么，如何才能买在浪 3 的启动阶段呢？

下面加入 MA 指标后放大浪 2 和浪 3 启动阶段的走势进行具体分析。

图 5-5 为中集集团 2020 年 8 月至 10 月的 K 线走势。

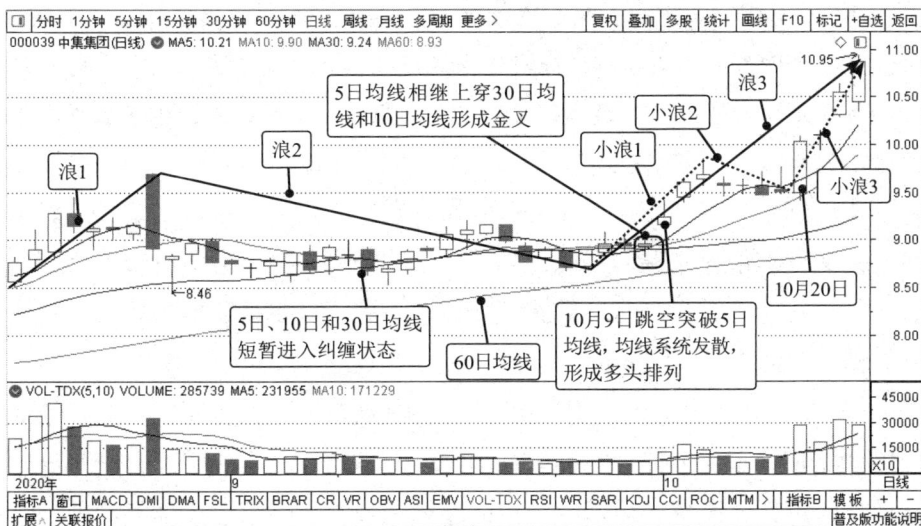

图 5-5　中集集团 2020 年 8 月至 10 月的 K 线走势

从图 5-5 中可以看到，浪 1 在 8 月下旬收出一根大阴线越过 9.50 元价位线后次日便破位下跌，当日直接跌破 5 日均线和 10 日均线。随后该股进行了平台形整理，K 线多以小 K 线为主，使得 5 日、10 日和 30 日均线短暂进入纠缠状态，但是 60 日均线却仍然保持良好的向上运行趋势，说明此时 5 日、10 日和 30 日均线的短暂纠缠，是市场清理浮筹的表现，其目的是减轻后市拉升的压力。从持续缩小的成交量状态也可以得出此时的浪 2 回调阶段是主力清理浮筹的阶段。

10 月 9 日，该股跳空高开后突破 5 日均线运行到其上方，并且此时 5 日均线相继上穿 30 日均线和 10 日均线形成金叉，说明通过前期的调整，空方得到充分释放，此时市场中的做多势能占据主要地位，后市看涨，浪 3 大概率开启了，激进型投资者此时可以择机买入。

之后股价连续收阳拉升，均线系统形成多头排列，加强了后市继续看涨的信号。虽然成交量未能持续放大导致股价运行到前期浪1顶部附近后回落，但是整个回落都受到9.50元价位线的支撑，而且此时均线系统的多头排列并没有被破坏，说明该价位线有强大的支撑力，浪3很可能发生延长。

10月20日，该股放量收出一根涨幅为5.58%的大阳线直接将股价拉升到10.00元价位线上方，均线多头排列形态得到更好地保护，说明小浪3开启，行情即将进入主升期，此时还未入场的投资者也可买入跟进，已经入场的投资者此时可以根据操作策略进行加仓操作，持股待涨，抓住浪3这波主升浪的涨幅。

本章的核心内容是根据其他炒股技术发出的买卖信号，与波浪分析技术中的买卖点形成共振，从而加强买卖位置的可靠性，进而更好地指导投资者制定可行的买卖策略。掌握这个核心点后，只要认真学习其他炒股技术，即可灵活地与波浪分析技术进行结合使用。

最后需要再次提醒，本书所有内容均是从知识点的角度进行讲解的，所有的案例都是为了读者能够更好地理解知识点。在实战中，影响股价走势的因素很多，投资者要学会具体问题具体分析，并结合多种工具进行综合判断，以提升分析的可靠性，切记生搬硬套本书的理论知识，并将其作为唯一的分析工具使用。